英検®2級の
英作文・面接をゼロから7日で攻略する本

ミトママ

英検®対策
コーチングスクール
「エイゴバ」事業責任者

JN049241

KADOKAWA

本書の特長と使い方

**英検を本気で取りたい人、自信をつけたい人、英語で人生を変えたい人へ。
この本は短期間で英検®2級の英作文と面接を同時に対策できる本です。**

　英作文と面接は出題されるトピックが似ているから、2技能を同時に学習するのが効率的です。英検®対策コーチングスクールでのカリキュラム開発や多くの生徒様のサポートで培ってきたノウハウを、本書にふんだんに盛り込みました。ライティング・スピーキングは基本をおさえて効率よく学習すれば、誰でも高得点が取りやすい分野です！

試験まで全く時間がない人	DAY 1・DAY 7で全体像をつかみ、DAY 2〜6の鉄板ボキャブラリーに目を通しましょう。
最低限合格する力が欲しい人	鉄板ボキャブラリーの音読や、Exercise・模試を最低でも一周通しで行いましょう。
余裕で合格する力が欲しい人	鉄板ボキャブラリーの音読や、Exercise・模試を何周もくり返しましょう。添削を頼める先生がいればお願いするのも有効です。

　個人差はありますが、1日2〜3時間の学習時間を想定しています。最短7日間で仕上げることができるので、集中して学習しましょう！　DAY 1はライティング対策、DAY 7はスピーキング対策に特化し、DAY 2〜6ではライティング・スピーキングどちらにも使える表現を学習できます。

1. 試験で本当に役立つ鉄板表現を厳選！

　短期間で身につけられるように、ライティング・スピーキングで使える鉄板フレーズ・ボキャブラリーを厳選しました。インプットとアウトプットをバランス良く入れて、誰でも定着できるようにしています。

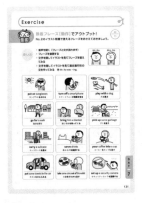

2. 本番でそのまま使える例文をたくさん掲載！

　本書に掲載されている英文は、意見を述べる際に使える例文ばかりです。音読や練習問題で覚えてしまい、試験に役立ててください。

3.Exerciseや模試の問題はすべてオリジナル!

　本書で出題している問題はすべて、試験を研究して作成した予想問題です。おためし模試で徐々に問題の形式に慣れて、最後は模試で本番を意識して力試しをしましょう。

ぜひ音声とともに学習しましょう!

🔊のマークを見つけたら音声を聞いて音読をしましょう。音読で英語特有の感覚が身体に染み込みます。音声を聞く方法は以下の2つです。

1 パソコンで音声データをダウンロードする場合

https://www.kadokawa.co.jp/product/322302001462/

ユーザー名 eiken_2kyuu　**パスワード** 7day_kouryaku

上記の URL へアクセスいただくと、データを無料ダウンロードできます。「ダウンロードはこちら」という一文をクリックして、ユーザー名とパスワードをご入力のうえダウンロードし、ご利用ください。

注意事項

- ダウンロードはパソコンからのみとなります。携帯電話・スマートフォンからのダウンロードはできません。
- 音声は mp3 形式で保存されています。お聞きいただくには、mp3 で再生できる環境が必要です。
- ダウンロードページへのアクセスがうまくいかない場合は、お使いのブラウザが最新であるかどうかご確認ください。また、ダウンロードする前に、パソコンに十分な空き容量があることをご確認ください。
- フォルダは圧縮されていますので、解凍したうえでご利用ください。
- 本ダウンロードデータを私的使用範囲外で複製、または第三者に譲渡・販売・再配布する行為は固く禁止されております。
- なお、本サービスは予告なく終了する場合がございます。あらかじめご了承ください。

2 スマートフォンで音声を聴く場合

ご利用の場合は、QR コードまたは URL より、スマートフォンに abceed のアプリ（無料）をダウンロードし、本書を検索してください。

https://www.abceed.com/
*abceed は株式会社 Globee のサービスです（2023年10月時点）。

Contents

DAY 5　鉄板ボキャブラリー　社会・健康

DAY 6　鉄板ボキャブラリー　環境

DAY 7　英検2級のスピーキング＆スピーキング対策

英検2級のライティング＆ライティングの基礎

LESSON 1　2級の特徴

ライティングの配点

　英検の一次試験はリーディング・リスニング・ライティングの3技能で構成されています。2級のCSEスコアは各650点満点。問題数の多いリーディング・リスニングに対して**ライティングは1問で650点満点という配点の高さが特徴**です。

リーディング　リスニング

ライティング

CSEスコアは
各650点

※ 2024年度第1回からはリニューアルに伴い、各パートの問題数や配点が変わる可能性があります。

頻出テーマ・TOPIC例

教育	学生は海外の学校に行くべき？ / 学校のオンライン授業は必要？
テクノロジー	インターネットは生活を便利にする？ / 人間はロボットを使うべき？
ビジネス	今後海外で働く人は増える？ / 残業は廃止されるべき？
社会・健康	人間の寿命はより長くなる？ / 健康を維持するには食事が大切？
環境	街のゴミは減らすべき？ / 電気自動車に乗る人は増える？

実際の出題形式

▶ 以下のTOPICについて、あなたの意見とその理由を2つ書きなさい。

▶ POINTSは理由を書く際の参考となる観点を示したものです。ただし、これら以外の観点から理由を書いてもかまいません。

▶ 語数の目安は80語～100語です。

▶ 解答は、解答用紙のB面にあるライティング解答欄に書きなさい。なお、解答欄の外に書かれたものは採点されません。

▶ 解答がTOPICに示された問いの答えになっていない場合や、TOPICからずれていると判断された場合は、0点と採点されることがあります。TOPICの内容をよく読んでから答えてください。

TOPIC

Some people say that schools should stop requiring students to wear uniforms. Do you agree with this opinion?
POINTS
● *Cost*　● *Freedom*　● *Fashion*

LESSON 2 ライティングの手順

ライティングは、下記の 4 つのステップ順に進めます。

1 ⏰約10分 **2** ⏰約12分 **3** ⏰約3分 **4**

TOPIC
を理解する　　　　メモを取る　　　　　書く　　　　見直しをする

1. TOPICを理解する

TOPIC で何を聞かれているのかを正確に理解することは英作文において最も重要です。YES の主張なのに NO の理由を述べたり、内容が TOPIC と矛盾していたりすると減点対象になります。

　Some people say that schools should stop requiring students to wear uniforms. Do you agree with this opinion?は、「学校は学生に制服の着用を求めるのをやめるべきだと言う人もいる。この意見に同意するか?」という意味。制服が不要だと思うならYES、必要だと思うならNOだ。

2. メモを取る（約10分）

　メモはライティングで高得点を取るためにとても大切な事前準備です。段階を踏んで書いていきましょう。

⦿ **POINTSをもとに、YESとNOそれぞれの理由・具体例を書き出す**

　多くの TOPIC は、YES か NO を問う Do you 〜 ? 形式です。

　3 つの POINTS をもとに、それぞれの立場で思いつく理由をまずは日本語で挙げましょう。指定の POINTS 以外の観点で書いても構いません。**理由はざっくりで OK。**できるだけあとで英語に直しやすい簡単な日本語で書くようにします。

　立場と理由は「自分の本当の意見かどうか」ではなく「**どの理由が一番英語で書きやすそうか**」という観点で決めるのがコツです。

　具体例は「それで?　例えば?」と問いかけるように掘り下げていきます。

メモ例

学校は学生に制服の着用を求めるのをやめるべき？

※実際の試験の
　メモ欄は空欄

	YES	NO
Cost	理由→ざっくりでOK 高価→買う余裕がない └ 具体例→それで？ 例えば？ └ 成長すると買い替えも必要	理由→ざっくりでOK お金がかからない └ それで？ 例えば？ └ 私服を買わなくて済む
Freedom	自由に服を選べる　ざっくり └ それで？ 例えば？ └ 寒いときはコート・長ズボン・帽子	
Fashion	ざっくり 好きなファッションをすると楽しい └ それで？ 例えば？ └ 勉強のモチベーションにもなる	ざっくり ファッションのことを気にしなくて良い └ それで？ 例えば？ └ 勉強に集中ができる

▶ 英文に直す

理由とその具体例についてのメモを英訳しましょう。この時点では完全な文である必要はありませんが、なるべく清書の際にスムーズに書けるように整理しておきます。

	YES
Cost ※ POINTS の単語はそのまま使わなくてもOK。 例 Cost の観点で書く場合は、expensive / cheap / money / high price / low price など価格に関連する表現を使えていれば問題ありません。	cannot buy school uniforms →because they cost a lot of money 高価→買う余裕がない 買えない @ └ students grow → their parents have to buy new ones └ 成長すると買い替えも必要 @
Freedom	can choose what to wear freely 自由に服を選べる @ └ wear warm items (coats, long pants, hats) when the weather is cold └ 寒いときはコート・長ズボン・帽子 @

言い換えの思考

「高価」のスペルはなんだっけ？→ cost a lot of money でいいか。「買う余裕がない」はなんて言うんだっけ？→ cannot buy でいいか。→「制服はお金がたくさんかかるから、買えない親もいる。」School uniforms cost a lot of money, so some parents cannot buy them.

※ちなみに「〜する余裕がない」は、"cannot afford to 〜" と表現できます。

理由を明確にした1文を書きます。

△ 悪い例 It is a good idea.「それは良い考えです。」
→この文章だけだと「どうして良い考えなのか」の理由がわかりません。
◎ 良い例 They can choose what to wear freely.「何を着るかを自由に選ぶことができます。」
→「自由に選べる」という理由がしっかり書かれています。

3. 書く（約12分）

メモが完成したら、構成順に文章を組み立てていきます。

※詳しくは以下の「ライティングの構成と型」を参考にしてください。

4. 見直しをする（約3分）

書いた後、ミスがないかどうか一度全文を読み返してみましょう。ライティングは**内容・構成・語彙・文法**の4つの観点で採点されます。「内容（主張と理由）の整合性は取れているか」「序論→本論→結論の順でわかりやすい構成で書けているか」「語彙のスペルミス・使い方のミスはないか」「文法間違いはないか」の観点でチェックするようにしましょう。

※その他具体的な見直すべきポイントはP.15 ～の「ミスしやすいポイント」を参考にしてください。

LESSON 3　ライティングの構成と型

英検のライティングは、

Introduction（序論）→ Body（本論）→ Conclusion（結論） の3部構成です。

Introductionであなたの主張を述べ、Bodyで主張を裏づける理由2つとそれぞれの具体例を挙げ、Conclusionで最初の主張を繰り返します。この構成で6文書くのがおすすめです。

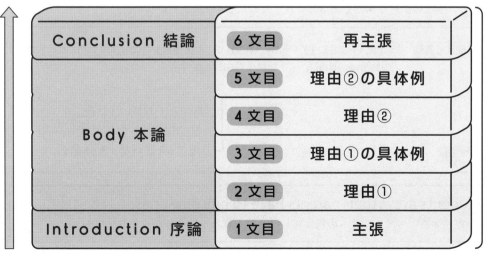

Conclusion 結論	6 文目	再主張
Body 本論	5 文目	理由②の具体例
	4 文目	理由②
	3 文目	理由①の具体例
	2 文目	理由①
Introduction 序論	1 文目	主張

6文で80～100語になるのが目安

1. Introduction（序論）を書く

▷ 1文目 あなたの主張

TOPIC

Some people say that schools should stop requiring students to wear uniforms. Do you agree with this opinion?

学校は学生に制服の着用を求めるのをやめるべきだと言う人もいます。あなたはこの意見に同意しますか？

> TOPICから
> そのまま持って
> くればOK！

I agree that schools should stop requiring students to wear uniforms.

私は、学校は学生に制服の着用を求めるのをやめるべきであるということに同意します。

冒頭で使える表現 YESの主張：I think (that) ～ / I agree (with the idea) that ～
NOの主張：I do not think (that) ～ / I disagree (with the idea) that ～

2. Body（本論）を書く

> cannot buy school uniforms
> →because they cost a lot of money
>
> 高価→買う余裕がない買えない＠

▷ 2文目 理由1つ目

First, some parents cannot buy school uniforms because they cost a lot of money.

1つ目に、学校の制服が高価であるため買うことができない親もいます。

冒頭で使える表現 First,「1つ目に」/ Firstly,「1つ目に」/ To begin with,「まず初めに」/ The first reason is (that) ～「1つ目の理由は～です」

> students grow → their
> parents have to buy new ones
>
> 成長すると買い替えも必要＠

▷ 3文目 理由1つ目の具体例

As students grow, their parents have to buy new ones.

学生が成長するにつれて、彼らの親は新しいものを買わなければならなくなります。

具体例で使える表現 For example,「例えば」/ For instance,「例えば」/ if ～「もし～ならば」/ when ～「～とき」/ such as ～「～のような」/ As ～「～につれて」/ Because of this,「このため」/ This is because ～「これは～だからです」/ As a result,「その結果」

▶ 4 文目 理由2つ目

> can choose what to wear freely
> 自由に服を選べる@

Second, it is convenient when students can choose what to wear freely.

2つ目に、学生が自由に何を着るかを選べるのは便利です。

冒頭で使える表現 Second, 「2つ目に」/ Secondly, 「2つ目に」/ The second reason is (that) ～「2つ目の理由は～です」/ Also, 「また」/ In addition, 「さらに」/ Additionally, 「さらに」/ Furthermore, 「さらに」

※1つ目の理由、2つ目の理由は次のようなセットで使うのがおすすめ。

例 First, + Second, / Firstly, + Secondly, In addition, Additionally, Furthermore, / The first reason is (that) ～ + The second reason is (that) ～ / To begin with, + Also,

> wear warm items (coats, long pants, hats) when the weather is cold
> 寒いときはコート・長ズボン・帽子@

▶ 5 文目 理由2つ目の具体例

For example, they can wear warm items such as coats, long pants, or hats when the weather is cold.

例えば、寒い天候のときにはコートや長ズボン、帽子のような暖かいアイテムを着ることができます。

具体例で使える表現 For example, 「例えば」/ For instance, 「例えば」/ if ～「もし～ならば」/ when ～「～とき」/ such as ～「～のような」/ As ～「～につれて」/ Because of this, 「このため」/ This is because ～「これは～だからです」/ As a result, 「その結果」

※理由1つ目、2つ目でどちらも「例えば」と言いたいときは、どちらも For example, にするのではなく、どちらか一方で For instance, も使うのがおすすめ。できるだけ全く同じ表現を使わないようにしましょう。

3.Conclusion（結論）を書く

▶ 6 文目 主張を再度述べる（1文目と同じ主張）

For these reasons, I think that it is a good idea for schools to stop requiring students to wear school uniforms.

これらの理由から、私は学校が学生に制服の着用を求めるのをやめるのは良い考えだと思います。

6文目で使っているのは1文目とは違う It is a good idea for A to ～ .（Aが～するのは良い考えだ。）という構文です。**主張の文章は下記のように言い換えられるとレベル UP！**

主張（１文目と６文目）を言い換える鉄板パターン

For these reasons, **I think that**

A should ～ . A は～すべきだ。	schools should stop requiring students to wear school uniforms. 学校は学生に制服の着用を求めるのをやめるべきです。
it is a good idea for A to ～ . A が～するのは良い考えだ。	it is a good idea for schools to stop requiring students to wear school uniforms. 学校が学生に制服の着用を求めるのをやめるのは良い考えです。
～ ing is good for A. A が～することは良い。	stopping requiring students to wear school uniforms is good for schools. 学校が学生に制服の着用を求めるのをやめるのは良いことです。

冒頭で使える表現 For these reasons,「このため」/ That is why ～「というわけで」/ Therefore,「それゆえに」/ In conclusion,「結論として」/ In summary,「要約すると」

解答例

I agree that schools should stop requiring students to wear uniforms.

First, some parents cannot buy school uniforms because they cost a lot of money. As students grow, their parents have to buy new ones.

Second, it is convenient when students can choose what to wear freely. For example, they can wear warm items such as coats, long pants, or hats when the weather is cold.

For these reasons, I think that it is a good idea for schools to stop requiring students to wear school uniforms. （87 語）

私は、学校は学生に制服の着用を求めるのをやめるべきであるということに同意します。

1つ目に、学校の制服が高価であるため買うことができない親もいます。学生が成長するにつれて、彼らの親は新しいものを買わなければならなくなります。

2つ目に、学生が自由に何を着るかを選べるのは便利です。例えば、寒い天候のときにはコートや長ズボン、帽子のような暖かいアイテムを着ることができます。

これらの理由から、私は学校が学生に制服の着用を求めるのをやめるのは良い考えだと思います。

LESSON 4 　英文を書くときのポイント

⊙ 段落毎の改行やインデント（段落の頭に空白を作ること）をうまく活用する

改行やインデントは必須ではないですが、活用することで P. 12 の解答例のように読みやすい英文を書くことができます。

⊙ 短縮形は使わない

don't や can't などの短縮形は日常会話や非公式な文書で使われることが多いです。ライティングで短縮形を使うことは基本的に避けましょう。

例 don't → do not / doesn't → does not / can't → cannot / shouldn't → should not
　　　　　　　※ cannot は can と not の間にスペースが入らないように注意。

⊙ 語数は80〜100語程度に収める

80 語より極端に少なくなる、100 語より極端に多くなることがないように注意しましょう。 少なすぎると情報量が足りない、多すぎると無駄が多いといったマイナス評価につながることがあります。

⊙ 主語がIの文章を多用しない

留学することで、私はさまざまな経験をすることができます。

△ I can experience various things by studying abroad.

→文法的には正しいですが、こういったIから始まる文を繰り返し使うことは、一般論を述べることが多いライティングではあまり好まれません。Studying abroad「留学すること」のように、人物ではない「無生物主語」を使うと英文がよりレベルアップします。

留学することは、学生にさまざまな経験をする機会を与えてくれます。

→ ○ **Studying abroad** gives students an opportunity to experience various things.

⊙ that節以下を否定形にしない

私は、人々が食器を洗うときには大量の水を使うべきではないと思います。

△ I think that people should not use a lot of water when they do the dishes.

→ ○ I **do not think** that people **should** use a lot of water when they do the dishes.

→意見を述べるときは、that 〜「〜ということ」に対して肯定なのか、否定なのかを最初に明確にするのがポイント。上記のように否定意見を述べたい場合は、think の部分が否定になるように I do not think や I disagree(with the idea) から始め、that 以下は基本的に肯定文で作るようにしましょう。

アイディアが思い浮かばないとき

⊙ 自分の意見ではなく「英語で書きやすい」意見で書く

　英検のライティングで求められているのは、**1つの主張を順序立てて論理的に説明することができるか、主張と主張をサポートする理由の整合性が取れているか**、といったポイントです。「個人的には NO だと思うけど、YES の理由の方が英文が書きやすそう」という場合は、迷わず YES を選ぶことをおすすめします。

⊙ 立場を変えて考え直してみる

　「どうしても適切な理由が見つからない」「英語で書けそうにない」という場合は、思い切って1文目から主張を変えましょう。気持ちの切り替えも大切です。

⊙ 共通の観点からヒントを得る

　下記のように1つのテーマについて、複数の観点でアイディアを整理すると自分にとって書きやすそうな理由を見つけるヒントになります。

時間	お金	健康	環境	安全	効果
かかる？ かからない？	かかる？ かからない？	に良い？ に悪い？	に良い？ に悪い？	である？ ではない？	的である？ 的ではない？

例 サプリメントは<u>健康</u>に…
良い → （なぜ？）ビタミンなどの栄養素がバランスよく含まれている
悪い → （なぜ？）食材で栄養をとることが一番大切である
例 サプリメントは<u>お金</u>が…
かかる → （なぜ？）良いサプリメントは高価・継続すればするほどお金がかかる
かからない → （なぜ？）最近野菜や肉などの食材の価格が上がっている・少ない量で栄養がとれるサプリメントの方が結果的に安く済む

語数が足らないとき

⊙ Introduction（序論）の主張と理由1つ目の間に1文追加する

　下記のようなつなぎの1文をどれか主張の後に追加しましょう。

主張：I think that ～ . I have two reasons.「理由が2つあります。」/ I have two reasons for my opinion.「私の考えには理由が2つあります。」/ I have two reasons to support my opinion.「私の考えを裏づける理由が2つあります。」
理由1つ目：First, ～

⊙ 自分の考えに対して「例えば？」「それで？」と問い続ける

　＋制服の良いところ →（例えば？）→ お金がかからない →（なぜ？）
　　→ 私服を買わなくて済む →（それで？）→ 余ったお金を他で使える
　－制服の悪いところ →（例えば？）→ 自由に服を選べる方が良い →（なぜ？）
　　→ 季節に合わせた格好ができる →（それで？）
　　→ 学校での1日を快適に過ごせるようになる

LESSON 6　ミスしやすいポイント

　2級合格を目指す学習者がミスしやすいポイントを例と一緒にまとめました。

　下記のポイントを意識して書くようにしましょう。書き終わってからの見直しの際にも参考にしてください。

1. 単数形・複数形が交ざる

さまざまな種類の本があります。

✖ There are different kinds of book. ➡ ⭘ There are different kinds of **books**.
　└→kinds of の後の名詞にも s が必要。

リサイクルは環境に良いです。

✖ Recycling are good for the environment.
　└→Recycling「リサイクル・リサイクルすること」は単数扱いなので be 動詞は are ではなく is が正しいです。

➡ ⭘ Recycling **is** good for the environment.

2. 特定の名詞に冠詞のtheをつけない

下記は一般的に the がつく名詞に the をつけ忘れる NG 例です。

環境 ✖ an environment / environments ➡ ⭘ **the environment** （特に地球環境）

政府 ✖ a government / governments ➡ ⭘ **the government / the governments**

3. be動詞と一般動詞を並べて使う、助動詞が重複する

be 動詞と一般動詞を並べて使う NG 例

将来、患者の数は増えるでしょう。

✖ The number of patients will be increase in the future.
　└→be 動詞 be と一般動詞 increase は同じ文内では使えません。ここでは be が不要。

➡ ⭘ The number of patients will **increase** in the future.

助動詞が重複する NG 例

多くの日本人は英語が話せません。

✖ Many Japanese do not can speak English.
　└→助動詞 do と助動詞 can は同じ文では使えません。「〜できない」という否定は cannot で表せるので、ここでは do が不要。

➡ ⭘ Many Japanese **cannot** speak English.

4. 主語と動詞を抜かして不完全な文になる

For example, / For instance, / such as などを使って例を挙げるときによくあるミス！

例えば、運動、健康な食事、十分な睡眠をとることは、心身の健康を維持するために大切です。

✕ For example, exercising, eating healthy, and getting enough sleep for maintaining mental and physical health.

 ↳ただ名詞や動名詞を並べるだけでは、文として成立しません。主語と動詞が必要。

➡ ◯ For example, exercising, eating healthy, and getting enough sleep <u>are important</u> for maintaining mental and physical health.

5. 副詞の前に前置詞をつける

下記は副詞の前に前置詞をつけてしまう NG 例です。

海外に行く

✕ go to overseas ➡ ◯ go <u>overseas</u>

外にいる

✕ stay at outside ➡ ◯ stay <u>outside</u>

オンラインで買い物をする

✕ shop at online ➡ ◯ shop <u>online</u>

深く考える

✕ think at deeply ➡ ◯ think <u>deeply</u>

6. 主張の文章（1文目）でTOPICの指示語をそのまま使う

トピック：現代では、有機食品を食べることを好む人もいます。将来、そのような人の数は増えると思いますか？

TOPIC：Today, some people prefer to eat organic food. Do you think the number of such people will increase in the future?

〈回答〉

私はそのような人の数は将来増えると思います。

✕ I think the number of such people will increase in the future.

 ↳such「そのような」は内容について前述されているときに使う指示語です。よって英作文の1文目で such を使うのは好ましくありません。関係代名詞 who を使って such が何を指すのかを明確にしましょう。

私は有機食品を食べることを好む人の数は将来増えると思います。

➡ ◯ I think the number of people <u>who prefer to eat organic food</u> will increase in the future.

7. And / So / Because / Butから文章を始める

ライティングでは、And / So / Because / But は文頭ではなく文中のつなぎ言葉として使いましょう。

And を文頭に置く NG 例

食品廃棄物を減らすことは資源を守るために大切であり、また、良い経済効果を与えます。

✕ Reducing food waste is important for protecting resources. And it has positive economic effects.

➡ ◯ Reducing food waste is important for protecting resources, and it has positive economic effects.

So を文頭に置く NG 例

外国語を学ぶには時間がかかるので、人々は毎日勉強するべきです。

✕ Learning a foreign language takes time. So, people should study hard every day.

➡ ◯ Learning a foreign language takes time, so people should study hard every day.

Because を文頭に置く NG 例

スマートフォンは便利なので、私たちの生活の大切な一部となっています。

✕ Smartphones have become an important part of our lives. Because they are convenient.

➡ ◯ Smartphones have become an important part of our lives because they are convenient.

But を文頭に置く NG 例

SNS は便利ですが、心の健康問題につながる可能性もあります。

✕ Social media is convenient. But it can also lead to mental health problems.

➡ ◯ Social media is convenient, but it can also lead to mental health problems.

8. 関係代名詞が抜ける

将来、テレビを見ない人の数は増えるでしょう。

✕ [The number of people] do not [watch] TV will [increase] in the future.
　　名詞句＝主語　　　　　　　　　　動詞1　　　　　　動詞2

→ ◯

[The number of people] who do not watch TV will [increase] in the future.
　　名詞句　　　　　　　　　　関係詞節　　　　　　　　　動詞
　　　　　　　　　　　（名詞句を詳しく説明）

　　　　　　　　主語

→関係代名詞 who を使って、The number of people「人の数」という名詞句を、who do not watch TV「テレビを見ない（人）」という関係詞節で補います。

9. 不可算名詞を単数形や複数形にする

下記は一般的に単数を表す a(n) や複数を表す s がつかない不可算名詞の一部です。

食べもの	food	モチベーション	motivation	アドバイス	advice
ストレス	stress	国際化	globalization	知識	knowledge
時間	time	交通手段	transportation	自由	freedom
情報	information	お金	money	エネルギー	energy

10. スペルミス

下記は 2 級ライティングでスペルミスしやすい単語例です。

信じる	believe	キャリア	career	レストラン	restaurant
受け取る	receive	結論	conclusion	環境	environment
受け入れる	accept	機器	device	健康な	healthy
増える	increase	未来	future	さまざまな	various
減る	decrease	交通手段	transportation	便利な	convenient
機会	opportunity	経験	experience	必要な	necessary

Exercise

解答はP.28

間違い探しでチェック!

下記の英文には1箇所誤りがあります。誤っている箇所を○で囲い、「正」欄に正しい表現を書きましょう。

※ 足りない表現を書き足す場合は、挿入箇所に○をすること。

例1 学生は違う色のシャツを着ることが多いです。

Students often wear different ⟨color⟩ of shirts.

正 _____ colors _____

例2 例えば、人々は海外に行くことを楽しむことができます。

For instance, ⟨ ⟩ going abroad.

正 _____ people can enjoy _____

---

1 政府は保育園の数を増やすべきです。

Government should increase the number of nursery schools.

正 _____

2 将来、より多くの人が宇宙旅行に行けるようになるでしょう。

In the future, more people will can afford space travel.

正 _____

3 葉は二酸化炭素の量を減らすので、木を植えることは地球温暖化に対して良い影響を与えます。

Planting trees has a positive impact on global warming. Because leaves reduce the amount of carbon dioxide.

正 _____

4 トピック：毎日サプリを飲む人もいます。将来、そのような人の数は増えると思いますか?→私はそのような人の数は増えると思います。

TOPIC : *Some people take supplements every day. Do you think the number of such people will increase in the future?*

→ I think the number of such people will increase .

正 _____

5 スポーツクラブに所属する学生はたいていとてもフレンドリーです。

Students belong to sports clubs are usually very friendly.

正 _____

セットで覚えるパラフレーズ

同じ単語や表現を繰り返し使うのではなく、似た意味の別表現に言い換える＝パラフレーズすることで英文が格段にレベルアップします。

名詞

chance = opportunity
機会

problem = issue
問題

influence = effect
影響

skill = ability
能力

choice = option
選択肢

benefit = advantage
利点

形容詞

good = positive
良い

bad = negative
悪い

difficult = hard
難しい

helpful = useful
役に立つ

important = essential
大切な

fast = quick
速い

動詞

start A = begin A
A を始める

stop A = quit A
A をやめる

like A = prefer A
A を好む

have A = own A
A を所有する

think ~ = believe ~
~であると考える

get A = receive A
A を受け取る

give A B = provide A with B
A に B を与える

improve A = make A better
A を改善する

increase = grow
増える

help A = assist A
A を助ける

create A = produce A
A を作る

discover A = find out A
A を見つける

構文

A が～することは〈形容詞〉です。

～ing is〈形容詞〉for A.
= It is〈形容詞〉for A to ～（動詞の原形）.

Understanding students' personal interests is important for teachers.
= It is important for teachers to understand students' personal interests.
先生が学生の個人的な興味を理解することは大切です。

for A は省略できます。 冒頭に I think (that)「だと思います。」をつけても OK！
例 I think (that) ～ing is〈形容詞〉for A. / I think (that) it is〈形容詞〉for A to ～（動詞の原形）.

将来、～する A の数は増えるでしょう。

More A will ～ in the future.
= The number of A who ～ will increase in the future.

More people will work from home in the future.
= The number of people who work from home will increase in the future.
将来、在宅勤務する人の数は増えるでしょう。

「減る」場合：Fewer A will ～ . = The number of A who ～ will decrease.
他のパターン：There will be more [fewer / less] A. = The number [amount] of A will increase [decrease].

B がなければ、A は～することができないでしょう。

If there were no B, A would not be able to ～（動詞の原形）.
= Without B, A would not be able to ～（動詞の原形）.

If there were no medical care, people would not be able to live long.
= Without medical care, people would not be able to live long.
医療ケアがなければ、人々は長生きすることができないでしょう。

If を用いた仮定法では、are ではなく were を使うという点に注意！ 「～することができないでしょう」と仮定しているので、cannot の代わりに would not be able to ～ を使います。

B が〈形容詞〉すぎて A は～することができません。

B is [are] too〈形容詞〉for A to ～（動詞の原形）.
= B is [are] so〈形容詞〉that A cannot ～（動詞の原形）.

The university tuition fees are too expensive for some students to afford to pay.
= The university tuition fees are so expensive that some students cannot afford to pay.
大学の授業料が高額すぎて、一部の学生は支払うことができません。

B is [are] 部分を I am に置き換えることもできますが、I am から始まる文は、一般論を述べることが多いライティングではあまり好まれません。 B を形式主語（意味を持たない主語）の It にすることもできます。

B のおかげで A は〜できます。

Thanks to B, A can 〜（動詞の原形）.
= B enable(s) A to 〜（動詞の原形）.

Thanks to digital communication, people can take part in online events all over the world.
= Digital communication enables people to take part in online events all over the world.
デジタルコミュニケーションのおかげで、人々は世界中のオンラインイベントに参加することができます。

未来を表したい場合は、 Thanks to B, A will be able to 〜 . でも OK。 be able to「〜できる」は主語が人物の
ときにしか使えないので注意！ 人物ではない無生物主語の場合は、 動詞 enable で言い換えられます。

A は B を害する可能性があります。

A can damage B.
= A can be harmful to B.

Air pollution can damage human health and nature.
= Air pollution can be harmful to human health and nature.
大気汚染は人間の健康と自然を害する可能性があります。

A の部分は、 動名詞〜ing に置き換えることもできます。 例 Skipping meals can damage [be harmful to]
mental and physical health.「食事を抜くことは心身の健康を害する可能性があります。」

A は B につながる可能性があります。

A can lead to B.
= A can result in B.

A lack of nursing homes can lead to serious problems for many families.
= A lack of nursing homes can result in serious problems for many families.
介護施設の不足は、多くの家族にとって深刻な問題につながる可能性があります。

A の部分は、 動名詞〜ing に置き換えることもできます。
例 Using a smartphone while driving can lead to [result in] a serious car accident.
「運転中にスマートフォンを使用することは、 重大な交通事故につながる可能性があります。」

A は…するよりも〜することを好みます。

A prefer(s) to 〜（動詞の原形）rather than …（動詞の原形）.
= A would rather 〜（動詞の原形）than …（動詞の原形）.

Some families prefer to live abroad rather than stay in Japan.
= Some families would rather live abroad than stay in Japan.
一部の家族は日本に滞在するよりも海外で暮らすことを好みます。

prefer to 〜 rather than … は、 prefer 〜ing to …ing で表すこともできます。
例 Some families prefer living abroad to staying in Japan.

 /> 04

LESSON 8 使いまわせる鉄板構文

A は〜する上で重要な役割を果たします。

A play(s) an important role in 〜ing.

Artificial intelligence plays an important role in **making people's jobs efficient and fast.**
人工知能は人々の仕事を効率的かつ迅速にする上で重要な役割を果たします。

動名詞〜ing の部分は、 名詞・名詞句に置き換えることもできます。
例 The ability to speak English plays an important role in today's globalized society.
「英語を話す能力は、 現代の国際化された社会において重要な役割を果たします。」

A は B に対して良い影響を与えます。

A have [has] a positive effect on B.

Regular exercise has a positive effect on **quality of life.**
定期的な運動は生活の質に対して良い影響を与えます。

「悪い影響」の場合：A have [has] a negative effect on B.
A と B の部分は動名詞〜ing に、 effect の部分は influence や impact に置き換えることもできます。

〈比較級①〉A が〜するほど、〈比較級②〉B は…します。

The 〈比較級①〉 A 〜, the 〈比較級②〉 B … .

The more **students study,** the more **choices they get for their future careers.**
学生が勉強するほど、将来のキャリアの選択肢は増えます。

数量や量を表す the more「より多く」は、可算名詞・不可算名詞どちらにも使えます。「より少なく」を表す場合、対象が可算名詞であれば the fewer、 不可算名詞であれば the less を使いましょう。

A が〜することはますます〈形容詞〉になってきています。

It is becoming more and more 〈形容詞〉 for A to 〜（動詞の原形）.

It is becoming more and more popular for **people to use cashless payment.**
人々がキャッシュレス決済を利用することはますます人気になってきています。

for A「A が」は省略できます。「ますます減少している・下がっている」の場合は less and less を使いましょう。
例 It is becoming less and less necessary to visit regular stores today.
「現代では、 通常の店舗を訪れることはますます必要ではなくなってきています。」

A だけでなく B も〜します。

Not only A but also B 〜.

Not only regular exercise but also stress management helps people live longer.
定期的な運動だけでなく、ストレス管理も人々がより長生きするのに役立ちます。

AとBが主語の場合、動詞の活用はBに合わせましょう。AとBが主語以外の場合、形容詞・動詞・副詞などに置き換えることもできます。ただし、必ずAとBが同じ品詞になるように注意!

〜する／B の代わりに A が…します。

A ... instead of 〜ing／B.

Many parents **choose remote work** instead of going to the workplace.
多くの親が職場に行く代わりにリモートワークを選びます。

動名詞〜ing の部分は、名詞・名詞句に置き換えることもできます。
例 More companies should start online meetings instead of in-person meetings.
「より多くの企業が対面の会議の代わりに、オンライン会議を始めるべきです。」

A は〜するために B を活用します。

A take(s) advantage of B to 〜（動詞の原形）.

A lot of people take advantage of various kinds of smartphone apps to reduce stress.
多くの人がさまざまな種類のスマートフォンアプリを活用してストレスを軽減します。

take の前に should や will、can を入れることもできます。
例 Japan should take advantage of solar and wind power to create a sustainable society.
「日本は持続可能な社会を作るために太陽光や風力を活用するべきです。」

〜することは A の無駄になる可能性があります。

〜ing can be a waste of A.

Relying too much on fossil fuels can be a waste of energy.
化石燃料に頼りすぎることはエネルギーの無駄になる可能性があります。

can be の部分は、is や will be に置き換えることもできます。
A に入る単語例：time「時間」／ money「お金」／ resources「資源」

ライティングおためし模試①

解答はP.28

 ライティングの4つの手順に沿って、書いてみましょう。

- 以下の TOPIC について、あなたの意見とその理由を2つ書きなさい。
- POINTS は理由を書く際の参考となる観点を示したものです。ただし、これら以外の観点から理由を書いてもかまいません。
- 語数の目安は80語〜100語です。
- 解答が TOPIC に示された問いの答えになっていない場合や、TOPIC からずれていると判断された場合は、0点と採点されることがあります。TOPIC の内容をよく読んでから答えてください。

TOPIC

Some people say that the government should provide free public transportation. Do you agree with this opinion?

POINTS

● *Economy* ● *Equality* ● *The environment*

1 TOPICを理解する

TOPIC で何を聞かれているのか、理解できましたか?
どういう主張なら YES、NO なのか頭の中で明確にしましょう。

2 ⏱ 約10分 **メモを取る**

1 3つの POINTS をもとに、YES と NO それぞれの理由・具体例を書き出しましょう。より書きやすそうな立場を選びます。(メモ欄に理由例を記載しています。)

2 書き出した日本語を英文に直してみましょう。

3 ⏱ 約12分 **書く**

順番に沿って、1文ずつ書いてみましょう。
1文目 (主張):YES:I think (that) 〜 / I agree (with the idea) that 〜
No:I do not think (that) 〜 / I disagree (with the idea) that 〜
2文目 (理由①):First, / Firstly, / To begin with, / The first reason is (that) 〜
3文目・5文目:For example, / For instance, / if 〜 / when 〜 / such as 〜 / As 〜
(①と②の具体例) / Because of this, / This is because 〜 / As a result,
4文目 (理由②):Second, / Secondly, / The second reason is (that) 〜 /
Also, / In addition, / Additionally, / Furthermore,
6文目 (再主張):For these reasons, / That is why 〜 / Therefore, /
In conclusion, / In summary,

メモ欄

	YES	NO
Economy	交通費を節約→旅行にお金を使う人が増える	電車やバスを修理し、より多くの乗客を引き寄せる
Equality	交通費を払う余裕がない人々も電車やバスに乗れる	税金を多く払う人々の負担が増える
The environment	公共交通機関を使う人が増える→（環境を害する）車を運転する人が減る	バスがより混雑→車両が重たくなるので排気ガスが増える（環境に悪い）

解答欄

1文目　主張

2文目　理由①

3文目　理由①の具体例

4文目　理由②

5文目　理由②の具体例

6文目　再主張

4 ⏱ 約3分　見直しをする

主に下記のポイントを見直し、間違いを見つけたら修正しましょう。

内容：主張と理由の整合性は取れているか
構成：序論→本論→結論の順でわかりやすい構成で書けているか
語彙：スペルミス、使い方のミスはないか
文法：単数形・複数形の表記ミスはないか、文として成立しているか　など

※ P.15～「ミスしやすいポイント」参照

解答・解説

Exercise　　　P.19 ○

1 (Government) → 正：**The government**
「政府」は特定の意味として表すことが多いので、原則 the が必要です。

2 (can) →　正：**be able to**
「できるようになるでしょう」は可能（未来）の意味を表します。助動詞 will と can が重複しているので、未来形では使うことができない can を削除し be able to を追加します。

3 (,Because) →　正：**because**
because は文頭ではなく文中のつなぎ言葉として使いましょう。つなぎ言葉として使う場合は、カンマ (,) は不要です。

4 （回答の文の）(such people) →
正：**people who take supplements every day**
such「そのような」は内容について前述されているときに使います。よって英作文の1文目で such を使うのは好ましくありません。関係代名詞 who を使って such が何を指すのかを明確にしましょう。ここでは、who take supplements every day「毎日サプリを飲む」という情報が、people「人々」を詳しく説明しています。

5 Students ( ) belong →　正：**who**
一般動詞 belong と be 動詞 are は同じ文内では使えません。関係代名詞 who を使うことで、who 以下の関係詞節を含む Students who belong to sports clubs「スポーツクラブに所属する学生」が主語、are が動詞になります。

ライティングおためし模試① P.26 ○

Some people say that the government should provide free public transportation. Do you agree with this opinion?
政府が無料の公共交通機関を提供すべきだと言う人がいます。あなたはこの意見に同意しますか？
● *Economy*　経済
● *Equality*　公平性
● *The environment*　環境

メモ例	政府は無料の公共交通機関を提供すべき？	
	YES	NO
Economy	経済成長を促進する └ 交通費を節約→旅行にお金を使う人が増える	集めた交通費が地域経済を支える └ 電車やバスを修理し、より多くの乗客を引き寄せる
Equality		無料→公平性の問題につながる └ 税金を多く払う人々の負担が増える
The environment	環境を守る └ 公共交通機関を使う人が増える→（環境を害する）車を運転する人が減る	

【YES 解答例】（合計 89 語）

1文目　**I agree that the government should provide free public transportation.**

私は、政府が無料の公共交通機関を提供すべきだということに同意します。

2文目　**First, free transportation plays an important role in promoting economic growth.**

1つ目に、無料の交通機関は経済成長を促進する上で重要な役割を果たします。

3文目　**The number of people who spend money for traveling will increase because they can save money on transportation fees.**

交通費を節約できるため、旅行にお金を費やす人の数が増えるでしょう。

4文目　**Second, free trains and buses have a positive effect on protecting the environment.**

2つ目に、無料の電車やバスは、環境を守ることに対して良い影響を与えます。

5文目　**As more people use public transportation, fewer people will drive cars that can be harmful to the environment.**

より多くの人が公共交通機関を利用するにつれて、環境を害する可能性がある車を運転する人は減るでしょう。

6文目　**For these reasons, I think it is a good idea for the government to provide free public transportation.**

これらの理由から、私は政府が無料の公共交通機関を提供するのは良い考えだと思います。

【NO 解答例】（合計 88 語）

1文目　**I disagree that the government should provide free public transportation.**

私は、政府が無料の公共交通機関を提供すべきだということに同意しません。

2文目　**First, collecting transportation fees from people can support the local economy.**

1つ目に、人々から交通費を集めることで地域経済を支援できます。

3文目　**For example, the government can take advantage of the money to fix trains or buses and attract more customers.**

例えば、政府はそのお金を活用して電車やバスを修理し、より多くの乗客を引き寄せることができます。

4文目　**Second, free transportation can lead to an equality issue among people.**

2つ目に、無料の交通機関は人々の間で公平性の問題につながる可能性があります。

5文目　**This is because some people have to pay higher taxes than other people if transportation is free.**

これは、交通機関が無料であれば、一部の人々が他者よりも高い税金を支払わなければならないからです。

6文目　**For these reasons, I do not think it is a good idea for the government to provide free public transportation.**

これらの理由から、私は政府が無料の公共交通機関を提供するのが良い考えだとは思いません。

LESSON 1

鉄板ボキャブラリー
教育①

001

English ability
英語力

These days, a lot of companies require employees to have a high level of English ability.

最近では、 多くの企業が従業員に高い英語力を持つことを求めています。

（便利な表現） A require(s) B to ~ .「A は B に~することを求めています。」 / employee「従業員」

002

personal interest
個人的な興味

It is important for teachers to understand students' personal interests for effective learning.

効果的な学習のために、 先生が学生の個人的な興味を理解することは大切です。

（解説） このような文では、「先生」も「学生」も複数形にするのが一般的です。 また、「学生たちの」を表す場合、 複数形の後にアポストロフィ（'）をつけます。

（パラフレーズ（構文）） It is 〈形容詞〉 for A to ~（動詞の原形）. (= ~ing is 〈形容詞〉 for A.)「A が~することは〈形容詞〉です。」

（便利な表現） effective learning「効果的な学習」

003

creative thinking
創造的思考

There should be more arts educational programs to develop students' creative thinking.

学生の創造的思考を育むために、 より多くの芸術教育プログラムが必要です。

（便利な表現） There should be more A to ~（動詞の原形）.「~するために、 より多くの A が必要です。」 / educational program「教育プログラム」

004

extracurricular activity
課外活動

Engaging in extracurricular activities provides students with opportunities to develop valuable skills.

課外活動を行うことは、 学生に貴重なスキルを育む機会を提供します。

（便利な表現） A provide(s) B with opportunities to ~（動詞の原形）.「A は B に~する機会を提供します。」 / engage in A「A に従事する・A を行う」

Exercise

 音読でアウトプット!
左ページの例文の音声を聞いて、3回ずつ声に出して読もう。

06

 英訳でアウトプット!
和文を英訳しよう。点線がある場合は、字数と語数を表します。

DAY
2

1　1　彼らの英語力を向上させる（改善する）

＿ ＿ ＿ ＿ ＿ ＿ ＿ ＿ ＿ ＿ ＿ ＿ ＿ ＿ ＿ ＿

2　英語力を向上させるために、学生に留学することを求める学校もあります。

2　1　彼らの個人的な興味を共有する

＿ ＿ ＿ ＿ ＿ ＿ ＿ ＿ ＿ ＿ ＿ ＿ ＿ ＿ ＿ ＿

2　人々が＊世界中の他者と個人的な興味を＊共有することは大切です。
*around the world　*share A with B

3　1　子どもの創造的思考を育む

＿ ＿ ＿ ＿ ＿ ＿ ＿ ＿ ＿ ＿ ＿ ＿ ＿ ＿ ＿ ＿
＿ ＿ ＿ ＿ ＿

2　子どもの創造的思考を育むために、より多くの＊屋外活動が必要です。
*outdoor activities

4　1　課外活動に参加する

＿ ＿ ＿ ＿ ＿ ＿ ＿ ＿ ＿ ＿ ＿ ＿ ＿ ＿ ＿ ＿
＿ ＿ ＿ ＿ ＿

2　多くの学校は、学生に課外活動に参加する機会を提供します。

LESSON 2 鉄板ボキャブラリー
教育②

07

005 favorite subject
お気に入りの科目

There will be more chances for students to choose their **favorite subjects** more easily in the future.
将来、学生がお気に入りの科目をより簡単に選ぶ機会が増えるでしょう。

（セットで覚えたい表現）core subject「主要科目」

（便利な表現）There will be more chances for A to ～（動詞の原形）in the future.「将来、A が～する機会が増えるでしょう。」

006 tuition fee
授業料

The university **tuition fees** are so expensive that some students cannot afford to go to university.
大学の授業料が高額すぎて、大学に進学する余裕がない学生もいます。

（便利な表現）A cannot afford to ～（動詞の原形）.「A は～する余裕がありません。」

007 entrance examination
入学試験

It is becoming more and more common for adults to apply for the university's **entrance examination**.
大人が大学の入学試験に出願することがますます一般的になってきています。

（解説）examination は exam と短縮することもできます。

（便利な表現）apply for A「A に申し込む・出願する」

008 face-to-face lesson
対面授業

As online learning has become more and more popular these days, the number of **face-to-face lessons** will decrease in the future.
最近ではオンライン学習がますます人気となっているため、将来対面授業の数は減るでしょう。

（便利な表現）online learning「オンライン学習」

音読でアウトプット！

08

左ページの例文の音声を聞いて、3回ずつ声に出して読もう。

英訳でアウトプット！

和文を英訳しよう。点線がある場合は、字数と語数を表します。

1　1　彼らのお気に入りの科目を勉強する

＿＿＿＿＿　＿＿＿＿＿　＿＿＿＿＿　＿＿＿＿＿

　　2　将来、高校生が自分のお気に入りの科目を勉強する機会が増えるでしょう。

2　1　授業料を払う

＿＿＿＿　＿＿＿＿＿＿＿　＿＿＿＿

　　2　子どもの学校の授業料が高額すぎて、支払えない親もいます。

3　1　入学試験に合格する

＿＿＿　＿＿＿　＿＿＿＿＿＿＿　＿＿＿＿＿＿＿

　　2　高校生が入学試験に合格することはますます難しくなってきています。

4　1　対面授業を中止する

＿＿＿＿＿　＿＿＿＿＿＿＿　＿＿＿＿＿＿

　　2　将来、対面授業を中止する学校の数は増えるでしょう。

LESSON 3 鉄板ボキャブラリー 教育③

009 future career
将来のキャリア

The more students study, the more choices they get for their future careers.

学生が勉強するほど、 将来のキャリアの選択肢は増えます。

鉄板構文 The 〈比較級①〉A ~ , the 〈比較級②〉B ... . 「〈比較級①〉A が~するほど、〈比較級②〉B は…します。」

010 decent job
良い仕事

It is said that receiving a quality education has a positive effect on finding a decent job.

質の良い教育を受けることは、 良い仕事を見つける上で良い影響を与えると言われています。

鉄板構文 A have [has] a positive effect on B. 「A は B に対して良い影響を与えます。」

便利な表現 quality education 「質の良い教育」

011 school graduation
学校卒業

After school graduation, students can expand their knowledge and skills in a field that they are interested in.

学校卒業後、 学生は自分が興味を持っている分野で知識とスキルを拡大することができます。

便利な表現 expand 「拡大する」 / field 「分野」

012 college degree
大学の学位

College degrees enable people to choose a job from a variety of fields.

大学の学位のおかげで、 人々はさまざまな分野での仕事を選ぶことができます。

パラフレーズ(構文) B enable (s) A to ~(動詞の原形). (= Thanks to B, A can ~(動詞の原形).) 「B のおかげで A は~できます。」

音読でアウトプット!

10

左ページの例文の音声を聞いて、3回ずつ声に出して読もう。

英訳でアウトプット!

和文を英訳しよう。点線がある場合は、字数と語数を表します。

1 1 彼らの将来のキャリアについて考える

___ ___ ___ ___ ___ ___ ___

2 若者が将来のキャリアについて考えるほど、彼らはより多くの機会が得られます。

_____

2 1 良い仕事を手に入れる

___ ___ ___ ___ ___

2 良い仕事を手に入れることは人々の人生において良い影響を与えます。

_____

3 1 学校卒業前

___ ___ ___ ___ ___

2 学校卒業前に、多くの高校生は大学入試のために良い*成績を取ろうとします。*grades

_____

4 1 大学の学位を手に入れる

___ ___ ___ ___

2 日本では、4年間勉強するおかげで、ほとんどの学生は大学の学位を取得することができます。

_____

LESSON 4
鉄板ボキャブラリー
教育④

🔊 11

013

good relationship
良好な関係

Without a good relationship between parents and children, children would not be able to feel confident.

親子間の良好な関係がなければ、子どもは自信を持つことができないでしょう。

解説 build「築く・構築する」という動詞も、人間関係の話題で使えます。

パラフレーズ（構文） Without B, A would not be able to ～（動詞の原形）. (= If there were no B, A would not be able to ～（動詞の原形）.)「B がなければ、A は～することができないでしょう。」

014

violent behavior
暴力的な行動

Some people say that playing video games too much can lead to children's violent behavior.

テレビゲームを過剰にプレイすることが子どもの暴力的な行動につながる可能性があると言う人もいます。

パラフレーズ（構文） A can lead to B. (= A can result in B.)「A は B につながる可能性があります。」

015

nursery school
保育園

Due to a lack of nursery schools, many parents find it difficult to work full-time.

保育園の不足のため、多くの親はフルタイムで働くことが難しいと感じています。

便利な表現 due to A「A のため（A が原因で）」

016

kindergarten
幼稚園

There will be more kindergartens that provide children with English lessons in the future.

将来、子どもに英語のレッスンを提供する幼稚園が増えるでしょう。

Exercise

音読でアウトプット！

左ページの例文の音声を聞いて、3回ずつ声に出して読もう。

英訳でアウトプット！

和文を英訳しよう。点線がある場合は、字数と語数を表します。

DAY
2

1　1　良好な関係を築く

　　　2　＊十分なコミュニケーションがなければ、人々は良い関係を築くことができないでしょう。 ＊enough

2　1　暴力的な行動を行う（に従事する）

　　　2　過剰なストレスは、子どもが暴力的な行動を行う可能性があると言う人もいます。

3　1　保育園を選ぶ

　　　2　＊安全上の懸念のため、保育園を選ぶことが難しいと感じる親もいます。 ＊safety concerns

4　1　幼稚園に行く

　　　2　将来、田舎の地域にある幼稚園に行く子どもの数は減るでしょう。

LESSON 5

鉄板ボキャブラリー
教育⑤

017

historical site
歴史的な場所

Students can develop a deeper understanding of the past by visiting historical sites and museums.

学生は、歴史的な場所や博物館を訪れることによって、過去についてのより深い理解を育むことができます。

便利な表現 a deep understanding of A「A についての深い理解」 / visit museums「博物館を訪れる」

018

learning environment
学習環境

Schools play an important role in promoting a positive learning environment for children.

学校は、子どもにとって良い学習環境を促進する上で重要な役割を果たします。

鉄板構文 A play(s) an important role in ~ing.「A は~する上で重要な役割を果たします。」

019

gain experience
経験を得る

Working part-time helps young people gain leadership experience.

アルバイトをすることは、若者がリーダーシップの経験を得るのに役立ちます。

解説 「何の・どんな経験を得るのか」を詳しく表したい場合は、gain と experience の間に名詞または形容詞を入れましょう。例 gain learning experience「学びの経験を得る」 / gain valuable experience「貴重な経験を得る」

便利な表現 ~ing helps A ...(動詞の原形).「~することは A が…するのに役立ちます。」

020

live abroad
海外に住む

Nowadays, some families prefer to live abroad rather than stay in Japan for their children's education.

最近では、子どもの教育のために日本に滞在するよりも海外に住むことを好む家族もいます。

パラフレーズ(構文) A prefer(s) to ~(動詞の原形) rather than ...(動詞の原形). (= A would rather ~(動詞の原形) than ...(動詞の原形).)「A は…するよりも~することを好みます。」

便利な表現 nowadays「最近」(= these days)

音読でアウトプット!

左ページの例文の音声を聞いて、3回ずつ声に出して読もう。

14

英訳でアウトプット!

和文を英訳しよう。点線がある場合は、字数と語数を表します。

DAY 2

1

1 歴史的な場所について学ぶ

— —

2 子どもは、歴史的な場所についての本や*記事を読むことでそれらについて学ぶことができます。*articles

2

1 安全な学習環境を*作る　*create

— — — — — — — — — — — — — — —

— — — — — — — —

2 政府は子どものための安全な学習環境を作る上で重要な役割を果たします。

3

1 ボランティアは、学生が貴重な経験を得るのに役立ちます。

2 スポーツチームに参加することは、人々が*チームワークの経験を得るのに役立ちます。*teamwork

4

1 海外に住む多くの学生は、家で料理するよりも*外食することを好みます。*eat out

2 将来、自分の子どもを海外で生活*させる親の数が増えるでしょう。*let

鉄板ボキャブラリー
教育⑥

🔊 15

O21 give presentations
プレゼンテーションを行う

It is a good opportunity for students to give presentations in classes.
学生にとって、 クラスでプレゼンテーションを行うことは良い機会です。

（便利な表現） It is a good opportunity for A to ～(動詞の原形).「A にとって～することは良い機会です。」

O22 build social skills
社会的スキルを構築する

Not only volunteer work but also club activities play an important role in building social skills.
ボランティア活動だけでなく、 クラブ活動も社会的スキルを構築する上で重要な役割を果たします。

（鉄板構文） Not only A but also B ～.「A だけでなく B も～します。」

O23 develop a sense of independence
自立心を育む

Studying abroad gives students a chance to develop a sense of independence.
留学は学生に自立心を育む機会を与えます。

（便利な表現） A give(s) B a chance to ～(動詞の原形).「A は B に～する機会を与えてくれます。」
a sense of A「A の意識・A 感」例 a sense of teamwork「チームワークの意識」/ a sense of leadership「リーダーシップの意識」/ a sense of responsibility「責任感」

O24 cooperate with each other
互いに協力する

By cooperating with each other, children can develop a sense of teamwork.
互いに協力することで、 子どもはチームワークの意識を育むことができます。

音読でアウトプット！

左ページの例文の音声を聞いて、3回ずつ声に出して読もう。

英訳でアウトプット！

和文を英訳しよう。点線がある場合は、字数と語数を表します。

DAY
―
2

1

1　子どもにとって、他者の＊前でプレゼンテーションをすることは良い機会です。
　 *in front of

_____

2　＊定期的にプレゼンテーションを行うことで、人々はコミュニケーションスキルを改善できます。 *regularly

_____

2

1　大人だけでなく、子どもも社会的スキルを構築する必要があります。

_____

2　留学は、社会的スキルを構築したり外国の友達を作ったりする上で重要な役割を果たします。

_____

3

1　一人暮らしは若者に自立心を育む機会を与えます。

_____

2　子どもにお金の使い方を教えることは、彼らが自立心を育むのに役立ちます。

_____

4

1　チームメンバーはゲームに勝つために互いに協力するべきです。

_____

2　先生が学生に互いに協力する機会を与えるのは良い考えです。

_____

まとめ復習

解答はP.46

 下記の空欄に適切な単語を入れよう。

1 課外活動に参加する学生は、しばしばリーダーシップ、チームワーク、時間管理などの貴重なスキルを育みます。

Students who take part in (　　　　　)(　　　　　) often develop valuable skills such as leadership, teamwork, and time management.

2 対面授業は、子どものコミュニケーションスキルを育む上で重要な役割を果たすと言う人もいます。

Some people say that (　　　　　)(　　　　　) play an important role in developing children's communication skills.

3 若者が将来のキャリアを選択するために、より多くの機会が必要です。

There should be more opportunities for young people to choose their (　　　　　)(　　　　　).

4 学校内での支援とコミュニケーションの不足は、学生の暴力的な行動につながる可能性があります。

A lack of support and communication in schools can lead to (　　　　　)(　　　　　) in students.

5 海外に住むことは、学生に良い学習経験と新しい人々と出会う機会を提供します。

(　　　　　)(　　　　　) provides students with good learning experiences and chances to meet new people.

6 チームスポーツをすることは、社会的なスキルを構築するので、子どもにとって良い機会です。

Playing team sports is a good opportunity for children because it (　　　　　)(　　　　　)(　　　　　).

ライティングおためし模試②

解答はP.46

 順番に沿って、1文ずつ書いてみましょう。

TOPIC

Some people say that schools should stop giving students homework. Do you agree with this opinion?

POINTS

● *Stress*　● *Free Time*　● *Classroom Learning*

メモ欄

YES	NO

解答欄

1文目　主張
YES：I think（that）～ / I agree（with the idea）that ～
NO：I do not think（that）～ / I disagree（with the idea）that ～

2文目　理由①
First, / Firstly, / To begin with, / The first reason is（that）～

3文目　理由①の具体例
For example, / For instance, / if ～ / when ～ / such as ～ /
As ～ / Because of this, / This is because ～ / As a result,

4文目　理由②
Second, / Secondly, / Also, / The second reason is（that）～ /
Also, / In addition, / Additionally, / Furthermore,

5文目　理由②の具体例
For example, / For instance, / if ～ / when ～ / such as ～ /
As ～ / Because of this, / This is because ～ / As a result,

6文目　再主張
For these reasons, / That is why ～ / Therefore, / In conclusion, / In summary,

解答・解説

Exercise　P.31

1-1 improve their English ability

improve は「改善する」「向上させる」どちらの意味もあります。

1-2 Some schools require students to study abroad to improve their English ability. / Some schools require students to study abroad in order to improve their English ability.

to ～（動詞の原形）と in order to ～（動詞の原形）はどちらも「～するために」の意味です。この to は、動詞を修飾する副詞的用法の to 不定詞です。

2-1 share their personal interests

2-2 It is important for people to share their personal interests with others [other people] around the world.

others と other people はどちらも「他者」の意味です。

3-1 develop children's creative thinking

「子どもの」を表す場合、複数形の children にアポストロフィと s ('s) をつけた形の children's で表します。childrens' の形にすることはできないので注意しましょう。

3-2 There should be more outdoor activities to develop children's creative thinking.

4-1 take part in extracurricular activities

4-2 Many [A lot of] schools provide students with opportunities to take part in extracurricular activities.

many と a lot of は「多くの」の意味です。many は可算名詞にしか使えませんが、a lot of は可算名詞・不可算名詞どちらにも使えます。provide A with B は「A に B を提供する・与える」の意味です。

Exercise　P.33

1-1 study their favorite subjects

1-2 There will be more chances [opportunities] for high school students to study their favorite subjects in the future.

chance と opportunity はどちらも「機会」の

意味です。

2-1 pay tuition fees

2-2 It is too expensive for some parents to pay tuition fees for their children's schools. / Some parents find it too expensive to pay tuition fees for their children's schools.

It is too〈形容詞〉for A to ～（動詞の原形）. と A find(s) it too〈形容詞〉to ～（動詞の原形）. はどちらも「〈形容詞〉すぎて A は～することができません。」の意味です。

3-1 pass the entrance examination

3-2 It is becoming more and more difficult for high school students to pass the entrance examination [exam].

It is becoming more and more〈形容詞〉for A to ～（動詞の原形）. は「A が～することはますます〈形容詞〉になってきています。」の意味です。

4-1 stop face-to-face lessons

4-2 The number of schools that stop face-to-face lessons will increase in the future.

The number of A that ～ will increase in the future. は「将来、～する A の数は増えるでしょう。」の意味です。

that ～（関係詞節）は前にある名詞を修飾する役割を果たします。ここでは、that stop face-to-face lessons「対面授業を中止する」という情報が、schools「学校」を詳しく説明しています。

Exercise　P.35

1-1 think about their future careers

1-2 The more young people think about their future careers, the more chances [opportunities] they can get.

2-1 get a decent job

2-2 Getting a decent job has a positive effect [influence / impact] on people's lives.

3-1 before school graduation

3-2 Before school graduation, many [a lot of] high school students try to get good grades for the university's entrance examination [exam].

4-1 get college degrees

4-2 In Japan, studying for four years enables most students to get college degrees.

B enable(s) A to ~（動詞の原形）. は「B のおかげで A は~できます。」の意味です。

Exercise　　　　P.37 ○

1-1 build a good relationship

1-2 Without enough communication, people would not be able to build a good relationship.

communication「コミュニケーション」は不可算名詞なので、単数を表す an や複数を表す s は不要です。

2-1 engage in violent behavior

2-2 Some people say that too much stress can lead to children engaging in violent behavior [children's violent behavior].

A can lead to B ~ing. は「A は B が~することにつながる可能性があります。」の意味です。

3-1 choose a nursery school

3-2 Due to safety concerns, some parents find it difficult to choose a nursery school.

due to A は「A のため（A が原因で）」の意味です。

4-1 go to kindergarten

4-2 In the future, fewer children will go to kindergarten in rural areas. / There will be fewer children going to kindergarten in rural areas in the future. / The number of children who go to kindergarten in rural areas will decrease in the future.

in the future が文末に来る場合は不要ですが、文頭に来る場合はカンマ (,) を使います。

数や量が減ることを表すときは可算名詞であれば fewer、不可算名詞であれば less を使います。

例：fewer people「より少ない人々」/ less water「より少ない水」

Exercise　　　　P.39 ○

1-1 learn about historical sites

1-2 Children can learn about historical sites by reading books and articles about them. / By reading books and articles about historical sites, children can learn about them.

learn about A は「A について学ぶ」の意味です。

2-1 create a safe learning environment

2-2 The government plays an important role in creating a safe learning environment for children.

3-1 Volunteer work [Volunteering] helps students gain valuable experience.

volunteer work と volunteering はどちらも「ボランティア」の意味です。

3-2 Joining [Taking part in] a sports team helps people gain teamwork experience.

join A と take part in A はどちらも「A に参加する」の意味です。

4-1 Many [A lot of] students who live abroad prefer to eat out rather than cook at home.

A who ~ …. は「~する A は…します。」の意味です。

who ~（関係詞節）は前にある名詞を修飾する役割を果たします。ここでは、who live abroad「海外に住む」という情報が、Many [A lot of] students「多くの学生」を詳しく説明しています。

4-2 The number of parents who let their children live abroad will increase in the future.

ここでは、who let their children live abroad「自分の子どもを海外で生活させる」という情報が、parents「親」を詳しく説明しています。

Exercise　　　　P.41 ○

1-1 It is a good opportunity for children to give presentations in front of others [other people].

1-2 Giving presentations regularly helps

people improve their communication skills. / People can improve their communication skills by giving presentations regularly. / By giving presentations regularly, people can improve their communication skills.

~ing helps A …（動詞の原形）. と A can …（動詞の原形）by ~ing. と By ~ing, A can …（動詞の原形）. はどれも「~することは A が…するのに役立ちます。」の意味です。

2-1 Not only adults but also children need to build social skills.

not only A but also B の後に来る動詞の人称や数は、直前の B に合わせます。例えば B が単数形であれば動詞には三単現の s がつきます。ここでは、B が複数形の children なので、動詞 need には s がつきません。

2-2 Studying abroad plays an important role in building social skills and making foreign friends.

3-1 Living alone gives young people a chance [an opportunity] to develop a sense of independence.

3-2 Teaching children how to use money helps them develop a sense of independence.

how to ~ は「~する方法」の意味です。

4-1 Team members [Teammates] should cooperate with each other to win the game.

team member と teammate はどちらも「チームメンバー・チームの仲間」の意味です。

4-2 It is a good idea for teachers to give students a chance [an opportunity] to cooperate with each other.

まとめ復習 　　　　　P.42

1 Students who take part in (**extracurricular**) (**activities**) often develop valuable skills such as leadership, teamwork, and time management.

extracurricular activities は「課外活動」の意味です。単数形の場合、extracurricular activity です。

2 Some people say that (**face-to-face**) (**lessons**) play an important role in developing children's communication skills.

face-to-face lessons は「対面授業」の意味です。単数形の場合、face-to-face lesson です。

3 There should be more opportunities for young people to choose their (**future**) (**careers**).

future careers は「将来のキャリア」の意味です。単数形の場合、future career です。

4 A lack of support and communication in schools can lead to (**violent**) (**behavior**) in students.

violent behavior は「暴力的な行動」の意味です。

5 (**Living**) (**abroad**) provides students with good learning experiences and chances to meet new people.

live abroad は「海外に住む」の意味です。他にも、live overseas や live in a foreign country と表すことができます。

6 Playing team sports is a good opportunity for children because it (**builds**) (**social**) (**skills**).

build social skills は「社会的なスキルを構築する」の意味です。

ライティングおためし模試② 　P.43

Some people say that schools should stop giving students homework. Do you agree with this opinion?

学校が学生に宿題を与えるのをやめるべきだと言う人がいます。あなたはこの意見に同意しますか？

● *Stress* ストレス
● *Free Time* 自由な時間
● *Classroom Learning* 教室での学習

メモ例	学校は学生に宿題を与えるのをやめるべき？	
	YES	NO
Stress	ストレスとメンタルの問題につながる └放課後は疲れている→家で休んでリラックスすることが大切	宿題はストレスの多い経験への準備 └定期テストや入学試験の練習になる
Free Time	自由時間を課外活動や趣味に使うことが大切 └スポーツクラブに参加→チームワークの意識を育む	
Classroom Learning		翌日の教室での学習効果を高める └科目を深く理解→クラスメイトと意見を共有

【YES 解答例】（合計 90 語）

1文目 **I agree that schools should stop giving students homework.**

私は学校が学生に宿題を与えるのをやめるべきであるということに同意します。

2文目 **First, doing homework every day can lead to students' stress and mental problems.**

1つ目に、毎日の宿題は学生のストレスやメンタルの問題につながる可能性があります。

3文目 **Most students are tired after school, so resting at home plays an important role in helping them relax.**

放課後ほとんどの学生は疲れているので、家で休息することがリラックスするのを助ける上で重要な役割を果たします。

4文目 **Second, it is important for them to have more free time for extracurricular activities and hobbies.**

2つ目に、彼らにとって課外活動や趣味のためにより多くの自由な時間を持つことは大切です。

5文目 **For example, they can take part in a sports club and develop a sense of teamwork.**

例えば、彼らはスポーツクラブに参加し、チームワークの意識を育むことができます。

6文目 **For these reasons, I think that it is a good idea for schools to stop giving students homework.**

これらの理由から、私は学校が学生に宿題を与えるのをやめるのは良い考えだと思います。

【NO 解答例】（合計 85 語）

1文目 **I disagree that schools should stop giving students homework.**

私は学校が学生に宿題を与えるのをやめるべきであるということに同意しません。

2文目 **First, homework has a positive effect on preparing for stressful experiences in the future.**

1つ目に、宿題は将来のストレスの多い経験に向けた準備をすることに対して良い影響を与えます。

3文目 **For example, doing homework helps students get enough practice for regular tests or entrance examinations.**

例えば、宿題をすることは学生が定期テストや入学試験のために十分な練習をするのに役立ちます。

4文目 **Second, studying after school can result in better classroom learning the next day.**

2つ目に、放課後に勉強することは、翌日の教室での学習効果を高める可能性があります。

5文目 **This enables them to understand the subject deeply and share their opinions with classmates.**

これにより、彼らは深く科目を理解し、クラスメイトと意見を共有することができます。

6文目 **For these reasons, I do not think that it is a good idea for schools to stop giving students homework.**

これらの理由から、私は学校が学生に宿題を与えるのをやめるのが良い考えだと思いません。

LESSON 1

鉄板ボキャブラリー
テクノロジー①

17

025

information technology
情報技術

Information technology helps us get and share the latest information quickly.

情報技術は私たちが最新の情報を素早く入手し共有するのに役立ちます。

（便利な表現）the latest information「最新情報」

026

advanced technology
先進技術

People should take advantage of advanced technology to make their lives easier and better.

人々は生活をより楽でより良くするために、 先進技術を活用するべきです。

（鉄板構文）A take(s) advantage of B to ~（動詞の原形).「A は~するために B を活用します。」

027

face-to-face communication
対面コミュニケーション

Most elderly people would rather have face-to-face communication than talk online.

ほとんどの高齢者はオンラインで会話するよりも対面コミュニケーションを取ることを好みます。

（パラフレーズ（構文））A would rather ~（動詞の原形）than ...（動詞の原形）. (= A prefer to ~（動詞の原形）rather than ...（動詞の原形）.)「A は…するよりも~することを好みます。」

028

digital communication
デジタルコミュニケーション

Thanks to digital communication, people can take part in online events all over the world.

デジタルコミュニケーションのおかげで、 人々は世界中のオンラインイベントに参加できます。

（セットで覚えたい表現）misunderstanding「誤解」（デジタルコミュニケーションのデメリットの1つ）

（パラフレーズ（構文））Thanks to B, A can ~（動詞の原形). (= B enable(s) A to ~（動詞の原形).)「B のおかげで A は~できます。」

音読でアウトプット!

左ページの例文の音声を聞いて、3回ずつ声に出して読もう。

18

英訳でアウトプット!

和文を英訳しよう。点線がある場合は、字数と語数を表します。

1

1　情報技術を使う

2　情報技術を使うことは、学生が英語力を向上させるのに役立ちます。

2

1　先進技術を開発する

2　多くの企業は先進的な技術を開発し、製品を売るためにそれを活用しています。

3

1　対面コミュニケーションの方を好む

2　感情を * 表現しやすいため、対面コミュニケーションの方を好む人もいます。
*express

4

1　デジタルコミュニケーションを促進する

2　政府は、田舎の地域でデジタルコミュニケーションを促進するべきです。

LESSON 2 鉄板ボキャブラリー
テクノロジー②

🔊 19

029

artificial intelligence
人工知能

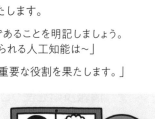

Artificial intelligence plays an important role in making people's jobs efficient and fast.

人工知能は人々の仕事を効率的かつ迅速にする上で重要な役割を果たします。

> **解説** 略語は AI です。 文章内で初めて使用する場合は、 略語であることを明記しましょう。
> 例 Artificial intelligence, known as AI, ~「AI として知られる人工知能は~」

> **鉄板構文** A play(s) an important role in ~ing.「A は~する上で重要な役割を果たします。」

030

video conferencing system
ビデオ会議システム

Today, many companies hold meetings with video conferencing systems instead of in-person meetings.

現代では、 多くの企業は対面の会議の代わりにビデオ会議システムを使用して会議を開催します。

> **鉄板構文** A ... instead of ~ing / B.「~する／ B の代わりに A が…します。」

031

social media
SNS

Spending too much time chatting with strangers on social media can be a waste of time.

SNS で見知らぬ人とのチャットに過度な時間を費やすことは、 時間の無駄になる可能性があります。

> **セットで覚えたい表現** business account「企業アカウント」

> **鉄板構文** ~ing can be a waste of A.「~することは A の無駄になる可能性があります。」

032

personal information
個人情報

Sharing personal information on social media can result in an increase in Internet crimes.

SNS で個人情報を共有することは、 インターネット犯罪の増加につながる可能性があります。

> **パラフレーズ（構文）** A can result in B. (= A can lead to B.)「A は B につながる可能性があります。」

> **便利な表現** an increase in A「A の増加」/ Internet crime「インターネット犯罪」

音読でアウトプット！

20

左ページの例文の音声を聞いて、3回ずつ声に出して読もう。

英訳でアウトプット！

和文を英訳しよう。点線がある場合は、字数と語数を表します。

1 1 人工知能について学ぶ

_____ _____ _____

_____

2 人工知能について学ぶことは、* 顧客サービスの品質を改善する上で重要な役割を果たします。*customer service

2 1 ビデオ会議システムを使う

_____ _____ _____ _____

2 ますます多くの * 労働者が、顧客と * 直接会う代わりにビデオ会議システムを使用しています。*workers　*directly

3 1 SNS をチェックする

_____ _____ _____

2 SNS を長時間チェックすることは、時間の無駄になる可能性があります。

4 1 個人情報を守る

_____ _____ _____

2 個人情報を守ることは、インターネット犯罪 * の減少につながる可能性があります。*a decrease in

LESSON 3 鉄板ボキャブラリー
テクノロジー③

🔊 21

033

e-book device
電子書籍リーダー

The number of people who read books on e-book devices will increase in the future.

将来、 電子書籍リーダーで本を読む人の数は増えるでしょう。

パラフレーズ（構文） The number of A who ~ will increase in the future. (= More A will ~ in the future.)「将来、 ~する A の数は増えるでしょう。」

034

computer equipment
コンピューター機器

Without computer equipment, people would not be able to get the latest information about the world.

コンピューター機器がなければ、 人々は世界の最新情報を得ることができないでしょう。

解説　equipment「機器」は不可算名詞なので、 単数を表す an や複数を表す s はつきません。

パラフレーズ（構文） Without B, A would not be able to ~（動詞の原形）. (= If there were no B, A would not be able to ~（動詞の原形）.)「B がなければ、 A は~することができないでしょう。」

035

online content
オンライン上の情報

The library provides various kinds of online content, including e-books and digital newspapers.

図書館は電子書籍やデジタル新聞を含むさまざまな種類のオンライン上の情報を提供します。

解説　including の後に挙げる例がその文において重要ではない場合は、 including の前（文中であれば例の後にも）にカンマ(,)をつけましょう。 ここでは e-books や digital newspapers がなくても、 前の online content だけで文の意味が通じるのでカンマ(,)をつけています。

036

streaming service
配信サービス

These days, there are various kinds of streaming services available online.

最近では、 オンラインで利用可能なさまざまな種類の配信サービスがあります。

解答はP.62

Exercise

音読でアウトプット！

左ページの例文の音声を聞いて、3回ずつ声に出して読もう。

22

英訳でアウトプット！

和文を英訳しよう。点線がある場合は、字数と語数を表します。

1　1　電子書籍リーダーを使う

—— ——— ———

　　2　将来、電子書籍リーダーを使う子どもの数は増えると言われています。

2　1　コンピューター機器を買う

—— ————— ———

　　2　十分なお金がなければ、人々はコンピューター機器を買うことができません。

3　1　オンライン上の情報を共有する

———— ———— ————

　　2　SNSは若者にオンライン上の情報を共有する機会を提供します。

4　1　配信サービスを活用する

———— ———— —— ————
———

　　2　多くの人は、お気に入りのドラマや映画を見るために配信サービスを活用します。

DAY
3

LESSON 4 鉄板ボキャブラリー テクノロジー④

037

high-speed Internet
高速インターネット

Thanks to high-speed Internet, people can enjoy streaming services smoothly.

高速インターネットのおかげで、人々はスムーズに配信サービスを楽しむことができます。

解説 high-speed のように複数の単語をまとまった意味のかたまりとして使う場合は、単語と単語の間にハイフン(-)をつけます。

038

virtual reality
仮想現実

Virtual reality allows people to travel overseas without leaving their homes.

仮想現実は、人々が家を出ることなく海外旅行をすることを可能にします。

解説 略語は VR です。文章内で初めて使用する場合は、略語であることを明記しましょう。
例 Virtual reality, known as VR, ~「VR として知られる仮想現実は~」

便利な表現 A allow(s) B to ~(動詞の原形). 「A は B が~することを可能にします。」

039

computer-based test
コンピューター形式のテスト

It is becoming more and more common for students to take computer-based tests.

学生がコンピューター形式のテストを受けることがますます一般的になってきています。

解説 英検にもパソコン上で受けられる英検 S-CBT(= Computer-Based Test)があります!

鉄板構文 It is becoming more and more 〈形容詞〉for A to ~(動詞の原形). 「A が~することはますます〈形容詞〉になってきています。」

040

online advertising
オンライン広告

Young people pay more attention to online advertising than paper advertising.

若者は紙の広告よりもオンライン広告により注目します。

便利な表現 pay(s) attention to A「A に注目する」/ paper advertising「紙の広告」

音読でアウトプット!

24

左ページの例文の音声を聞いて、3回ずつ声に出して読もう。

英訳でアウトプット!

和文を英訳しよう。点線がある場合は、字数と語数を表します。

DAY
—
3

1

1 高速インターネットを使う

― ― ― ― ― ― ― ― ― ― ― ― ― ― ―

2 先進技術のおかげで、田舎の地域の人々は高速インターネットを使うことができます。

2

1 仮想現実を体験する

― ― ― ― ― ― ― ― ― ― ― ― ― ― ―

2 ますます多くの企業が、製品を購入する前に顧客が仮想現実を体験することを可能にしています。

3

1 コンピューター形式のテストに * 申し込む *apply for

― ― ― ― ― ― ― ― ― ― ― ― ― ― ―

2 人々がコンピューター形式のテストに申し込むことがますます人気になってきています。

4

1 オンライン広告を見る

― ― ― ― ― ― ― ― ― ― ― ― ― ― ―

2 人々がオンライン広告を見るとき、製品により注目します。

LESSON 5 鉄板ボキャブラリー
テクノロジー⑤

041

security camera
防犯カメラ

Security cameras play an important role in reducing the number of crimes at stores.

防犯カメラは、 店舗での犯罪の数を減らす上で重要な役割を果たしています。

(便利な表現) reduce A「A を減らす」

042

credit card crime
クレジットカード犯罪

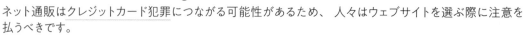

Online shopping can lead to credit card crimes, so people should be careful when choosing websites.

ネット通販はクレジットカード犯罪につながる可能性があるため、 人々はウェブサイトを選ぶ際に注意を払うべきです。

(パラフレーズ(構文)) A can lead to B. (= A can result in B.)「A は B につながる可能性があります。」
(便利な表現) when ~ing「~するとき」

043

payment method
支払い方法

These days, stores offer several kinds of payment methods such as cash, credit cards, and smartphones.

最近では、 店舗は現金、 クレジットカード、 スマートフォンのような複数の種類の支払い方法を提供しています。

解説 such as の後に挙げる例がその文において重要である場合は、 such の前のカンマ (,) は不要です。ここでは cash と credit cards と smartphones がなければ文の意味が通じにくいので、カンマ (,) はつけていません。

044

cashless payment
キャッシュレス決済

It is becoming more and more popular for people to use cashless payment.

人々がキャッシュレス決済を利用することはますます人気になってきています。

Exercise

音読でアウトプット!

左ページの例文の音声を聞いて、3回ずつ声に出して読もう。

26

英訳でアウトプット!

和文を英訳しよう。点線がある場合は、字数と語数を表します。

1　1　防犯カメラを * 設置する　*install

　　　———————　———————

　　2　防犯カメラを設置することは人々の * 安全を守る上で重要な役割を果たします。*safety

2　1　クレジットカード犯罪を減らす

　　　———————　———————

　　2　クレジットカード犯罪を減らすことは、より良くより安全なネット通販の体験につながる可能性があります。

3　1　支払い方法を選ぶ

　　　———————　———————

　　2　オンラインで買い物をする際には、安全な支払い方法を選ぶことが人々にとって大切です。

4　1　キャッシュレス決済を提供する

　　　———————　———————

　　2　店舗がキャッシュレス決済を提供することは、ますます一般的になってきています。

DAY
3

LESSON 6 鉄板ボキャブラリー
テクノロジー⑥

27

○45 ## install smartphone apps
スマートフォンアプリをインストールする

It is important to install smartphone apps and update them regularly for Internet security.
インターネットのセキュリティのために、 スマートフォンアプリをインストールし、 定期的に更新することが大切です。

（便利な表現）Internet security「インターネットのセキュリティ」

○46 ## post photos and movies
写真や動画を投稿する

Posting photos and movies of people's daily lives on social media has become a serious problem.
SNS で人々の日常生活に関する写真や動画を投稿することは深刻な問題となっています。

（便利な表現）A have [has] become a serious problem.「A は深刻な問題となっています。」

○47 ## search for information online
オンラインで情報を検索する

Many people search for information online to collect data and find answers to their questions.
多くの人が、 データを集め疑問に対する答えを見つけるために、 オンラインで情報を検索します。

○48 ## newly developed
新たに開発された

Thanks to newly developed AI robots, many people will be able to work more efficiently.
新たに開発された AI ロボットのおかげで、多くの人がより効率的に働くことができるようになるでしょう。

Exercise

解答はP.63

音読でアウトプット!

28

左ページの例文の音声を聞いて、3回ずつ声に出して読もう。

英訳でアウトプット!

和文を英訳しよう。点線がある場合は、字数と語数を表します。

1

1 現代では、多くの高齢者がスマートフォンアプリのインストール方法を知っている必要があります。

2 スマートフォンアプリをインストールするとき、人々はセキュリティに注意する必要があります。

2

1 他人の * 許可なしに写真や動画を投稿することは深刻な問題となっています。*permission

2 人々がインターネット上で写真や動画を投稿する際には注意することが大切です。

3

1 多くの学生がレポートに取り組むためにオンラインで情報を検索します。

2 オンラインで情報を検索することは、人々が問題を素早く簡単に * 解決するのに役立ちます。*solve

4

1 新たに開発された技術のおかげで、人々はより簡単に * 文書を共有することができるようになるでしょう。*documents

2 多くの人は、有名な人々が紹介する新たに開発された製品に注目します。

まとめ復習

解答はP.64

 下記の空欄に適切な単語を入れよう。

1 情報技術は、さまざまな方法で私たちの生活をより良くしました。

（　　　　　）（　　　　　　　　） has improved our lives in various ways.

2 SNS のアカウントを作成する前に、人々は個人情報を提供することに注意することが大切です。

Before creating a social media account, it is important for people to be careful about providing （　　　　　）（　　　　　）.

3 多くの学生は、通常の本よりも電子書籍リーダーを使うことを好みます。

Many students prefer to use （　　　　　）（　　　　　） rather than regular books.

4 仮想現実技術は、さまざまな分野で人々が創造的思考を学んだり育んだりする方法を変える上で重要な役割を果たします。

（　　　　　）（　　　　　） technology plays an important role in changing the way people learn and develop creative thinking in various fields.

5 多くの店舗がクレジットカードやモバイルウォレットのようなキャッシュレス決済方法を受け付けています。

Many stores accept （　　　　　）（　　　　　） methods such as credit cards and mobile wallets.

6 若者はインターネットで写真や動画を投稿するとき、注意を払うべきです。

Young people should be careful when they （　　　　　） （　　　　　）（　　　　　） on the Internet.

ライティングおためし模試③

解答はP.64

 順番に沿って、1文ずつ書いてみましょう。

TOPIC

Some people say that social media has a negative impact on society. Do you agree with this opinion?

POINTS

● *Communication*　● *Mental Health*　● *Business*

メモ欄

	YES	NO

D
A
Y

3

解答欄

1文目　主張
YES：I think (that) ~ / I agree (with the idea) that ~
NO：I do not think (that) ~ / I disagree (with the idea) that ~

2文目　理由①
First, / Firstly, / To begin with, / The first reason is (that) ~

3文目　理由①の具体例
For example, / For instance, / if ~ / when ~ / such as ~ /
As ~ / Because of this, / This is because ~ / As a result,

4文目　理由②
Second, / Secondly, / Also, / The second reason is (that) ~ /
Also, / In addition, / Additionally, / Furthermore,

5文目　理由②の具体例
For example, / For instance, / if ~ / when ~ / such as ~ /
As ~ / Because of this, / This is because ~ / As a result,

6文目　再主張
For these reasons, / That is why ~ / Therefore, / In conclusion, / In summary,

解答・解説

Exercise　　　　P.49

1-1 use information technology

1-2 Using information technology helps students improve their English ability [skills]. / Students can improve their English ability [skills] by using information technology. / By using information technology, students can improve their English ability [skills].

～ing helps A …（動詞の原形）. と A can …（動詞の原形）by ～ing. と By ～ing, A can …（動詞の原形）. はどれも「～することは A が…するのに役立ちます。」の意味です。

2-1 develop advanced technology

2-2 Many [A lot of] companies develop advanced technology and take advantage of it to sell their products.

3-1 prefer face-to-face communication

3-2 Some people prefer face-to-face communication because it is easier to express their feelings.

4-1 promote digital communication

4-2 The government should promote digital communication in rural areas.

Exercise　　　　P.51

1-1 learn about artificial intelligence

1-2 Learning about artificial intelligence plays an important role in improving the quality of customer service.

the quality of A は「A の品質」の意味です。

2-1 use video conferencing systems

2-2 More and more workers use video conferencing systems instead of meeting their customers directly.

more and more A は「ますます多くの A」の意味です。

3-1 check social media

3-2 Checking social media too long can be a waste of time. / Spending too much time checking social media can be a waste of time.

4-1 protect personal information

4-2 Protecting personal information can result in [lead to] a decrease in Internet crimes.

A can result in B. と A can lead to B. はどちらも「A は B につながる可能性があります。」の意味です。

a decrease in A は「A の減少」の意味です。

Exercise　　　　P.53

1-1 use e-book devices

1-2 It is said that the number of children who use e-book devices will increase in the future. / It is said that more children will use e-book devices in the future.

The number of A who ～ will increase in the future. と More A will ～ in the future. はどちらも「将来、～する A の数は増えるでしょう。」の意味です。

2-1 buy computer equipment

2-2 Without enough money, people would not be able to buy computer equipment.

Without B, A would not be able to ～（動詞の原形）. は「B がなければ、A は～することができないでしょう。」の意味です。

3-1 share online content

3-2 Social media provides a chance [an opportunity] for young people to share online content. / Social media provides young people with a chance [an opportunity] to share online content.

provide A with B と provide B for A はどちらも「A に B を提供する」の意味です。

4-1 take advantage of streaming services

4-2 Many [A lot of] people take advantage of streaming services to watch their favorite dramas and movies.

Exercise　　　　P.55

1-1 use high-speed Internet

1-2 Advanced technology enables people in rural areas to use high-speed

Internet. / Thanks to advanced technology, people in rural areas can use high-speed Internet.

Thanks to B, A can ~（動詞の原形). と B enable(s) A to ~（動詞の原形). はどちらも「Bのおかげでは A は～できます。」の意味です。

2-1 experience virtual reality

2-2 More and more companies allow customers to experience virtual reality before buying products.

3-1 apply for a computer-based test

3-2 It is becoming more and more popular for people to apply for computer-based tests.

4-1 see online advertising

4-2 When people see online advertising, they pay more attention to products. / People pay more attention to products when they see online advertising.

when などの接続詞が文中に来る場合は不要ですが、文頭に来る場合はカンマ（,）を使います。

Exercise P.57 ○

1-1 install security cameras

1-2 Installing security cameras plays an important role in protecting people's safety.

「人々の」を表す場合、people にアポストロフィと s（'s）をつけた people's の形で表します。

2-1 reduce credit card crimes

2-2 Reducing credit card crimes can lead to better and safer online shopping experiences.

3-1 choose a payment method

3-2 It is important for people to choose a safe payment method when shopping online. / Choosing a safe payment method is important for people when shopping online.

4-1 offer cashless payment

4-2 It is becoming more and more common for stores to offer cashless payment.

Exercise P.59 ○

1-1 Today, it is necessary for many [a lot of] elderly people to know how to install smartphone apps. / Today, many [a lot of] elderly people should know how to install smartphone apps.

1-2 When installing smartphone apps, people should be careful about security. / People should be careful about security when installing smartphone apps.

2-1 Posting photos and movies without other people's permission has become a serious problem.

2-2 It is important for people to be careful when posting photos and movies on the Internet. / When posting photos and movies on the Internet, it is important for people to be careful.

3-1 Many [A lot of] students search for information online to work on their reports.

3-2 Searching for information online helps people solve problems quickly and easily. / People can solve problems quickly and easily by searching for information online. / By searching for information online, people can solve problems quickly and easily.

4-1 Thanks to newly developed technology, people will be able to share documents more easily. / Thanks to newly developed technology, sharing documents will become easier for people.

4-2 Many [A lot of] people pay attention to newly developed products that famous people introduce.

ここでは、that famous people introduce「有名な人々が紹介する」という情報が、products「製品」を詳しく説明しています。

解答・解説

まとめ復習　　　　　P.60 ◦

1 （**Information**）（**technology**）has improved our lives in various ways.

information technology は「情報技術」の意味です。概念としての「技術」を意味する technology は不可算名詞なので、単数を表す a や複数を表す s はつきません。

2 Before creating a social media account, it is important for people to be careful about providing（**personal**）（**information**）.

personal information は「個人情報」の意味です。information は不可算名詞なので、単数を表す a や複数を表す s はつきません。

3 Many students prefer to use（**e-book**）（**devices**）rather than regular books.

e-book device は「電子書籍リーダー」の意味です。

4 （**Virtual**）（**reality**）technology plays an important role in changing the way people learn and develop creative thinking in various fields.

virtual reality は「仮想現実」の意味です。

5 Many stores accept（**cashless**）（**payment**）methods such as credit cards and mobile wallets.

cashless payment は「キャッシュレス決済」の意味です。概念としての「支払い」を意味する payment は不可算名詞なので、単数を表す a や複数を表す s はつきません。

accept は「受け付ける・受け入れる」の意味です。

6 Young people should be careful when they（**post**）（**photos**）（**and**）（**movies**）on the Internet.

post photos and movies は「写真や動画を投稿する」の意味です。upload photos and movies も同じ意味の表現として使えます。

ライティングおためし模試③　P.61 ◦

Some people say that social media has a negative impact on society. Do you agree with this opinion?

SNS が社会に対して悪い影響を与えると言う人がいます。　あなたはこの意見に同意しますか？

● *Communication* コミュニケーション

● *Mental Health* 心の健康

● *Business* ビジネス

メモ例	SNS は社会に対して悪い影響を与える？	
	YES	NO
Communication	デジタルコミュニケーションは身元を隠せるので危険な場合もある └SNS 上の見知らぬ人より友達や家族と交流した方が良い	SNS で世界中の人とコミュニケーションが取れる └外国人の友達を作って文化体験を共有する
Mental Health	SNS のやりすぎはメンタルに悪影響 └有害なコメントを読む・不確かな情報を信じる→誤解やネガティブな感情につながる	
Business		企業がビジネスアカウントを活用して製品を販売 └SNS イベントが顧客の注目を集める

【YES 解答例】（合計 89 語）

1文目　**I agree with the idea that social media has a negative impact on society.**

私は SNS が社会に対して悪い影響を与えるということに同意します。

2文目　**First, digital communication can be dangerous because it allows people to hide their identity.**

1つ目に、デジタルコミュニケーションは自分の身元を隠すことを可能にするので危険な場合もあります。

3文目　**They should communicate with their close friends and family members instead of strangers on social media.**

彼らは、SNS 上の見知らぬ人々の代わりに、身近な友達や家族とやり取りをするべきです。

4文目　**Second, some people get mental health problems by spending too much time checking social media.**

2つ目に、SNS を長時間チェックすることによって心の健康の問題を抱える人もいます。

5文目　**Reading harmful comments and believing uncertain information can lead to misunderstanding and negative feelings among people.**

有害なコメントを読んだり不確かな情報を信じたりすることは、人々の間での誤解やネガティブな感情につながる可能性があります。

6文目　**For these reasons, I think that social media has a bad effect on society.**

これらの理由から、私は SNS が社会に対して悪い影響を与えると思います。

【NO 解答例】（合計 87 語）

1文目　**I disagree that social media has a negative impact on society.**

私は SNS が社会に対して悪い影響を与えるということに同意しません。

2文目　**First, social media plays an important role in allowing people to communicate all over the world.**

1つ目に、SNS は、世界中で人々がコミュニケーションを取ることを可能にする上で重要な役割を果たします。

3文目　**For example, some people make foreign friends on social media and enjoy sharing their cultural experiences.**

例えば、SNS で外国の友達を作り、自分の文化体験を共有することを楽しむ人もいます。

4文目　**Second, the number of companies that take advantage of business accounts to sell their products is increasing.**

2つ目に、ビジネスアカウントを活用して製品を販売する企業の数が増えています。

5文目　**Promoting social media events can attract more attention from various customers.**

SNS イベントを促進することで、さまざまな顧客からより多くの注目を集めることができます。

6文目　**For these reasons, I do not think that social media has a bad effect on society.**

これらの理由から、私は SNS が社会に悪い影響を与えるとは思いません。

LESSON 1

鉄板ボキャブラリー
ビジネス①

049

work experience
職務経験

Part-time jobs play an important role in providing young people with valuable work experience.

アルバイトは、若者に貴重な職務経験を提供する上で重要な役割を果たします。

（鉄板構文） A play(s) an important role in ~ing.「A は~する上で重要な役割を果たします。」

050

work-life balance
仕事と生活のバランス

Companies should improve work-life balance to support their employees' mental health.

企業は従業員の心の健康をサポートするために、仕事と生活のバランスを改善すべきです。

（便利な表現） mental health「心の健康」

051

changing lifestyle
変化するライフスタイル

Changing lifestyles can result in better work-life balance and healthier lives for people.

変化するライフスタイルは、より良い仕事と生活のバランスと、人々のより健康的な生活につながる可能性があります。

（パラフレーズ（構文）） A can result in B. (= A can lead to B.)「A は B につながる可能性があります。」

052

working parent
働く親

As lifestyles change in Japan, the number of working parents will increase in the future.

日本のライフスタイルが変化するにつれて、将来働く親の数が増えるでしょう。

（パラフレーズ（構文）） The number of A will increase in the future. (= There will be more A in the future.)「将来、A の数は増えるでしょう。」

（便利な表現） As A ~ ,「A が~するにつれて」

Exercise

音読でアウトプット!

左ページの例文の音声を聞いて、3回ずつ声に出して読もう。

30

英訳でアウトプット!

和文を英訳しよう。点線がある場合は、字数と語数を表します。

1 1 職務経験を得る

___ ___ ___

2 職務経験を得ることは、* 自信を構築する上で重要な役割を果たします。
*confidence

2 1 仕事と生活の良いバランスが必要である

___ ___ ___

2 若者は休日に趣味を楽しむために仕事と生活の良いバランスが必要です。

3 1 変化するライフスタイルを * 受け入れる   *accept

___ ___ ___

2 変化するライフスタイルを受け入れることで、人々の生活はより良く、より楽になります。

4 1 働く親を支援する

___ ___ ___

2 将来、働く親を支援するコミュニティの数は増えるでしょう。

D
A
Y

4

鉄板ボキャブラリー
ビジネス②

053 remote work
リモートワーク

These days, many parents choose remote work instead of going to the workplace.

最近では、多くの親が職場に行く代わりにリモートワークを選びます。

解説 office work「オフィスワーク」は remote work の反対の意味です。

鉄板構文 A ... instead of ~ing / B.「~する／ B の代わりに A が…します。」

便利な表現 go to the workplace「職場に行く」

054 work from home
在宅勤務する

The number of people who work from home will increase even more in the future.

将来、在宅勤務する人の数はさらに増えるでしょう。

便利な表現 even more「さらに」

055 long working hours
長時間労働

It is said that long working hours can lead to stress and mental illness for workers.

長時間労働は、労働者のストレスや心の病につながる可能性があると言われています。

便利な表現 mental illness「心の病」

056 work overtime
残業する

It is becoming more and more common for companies to stop making their employees work overtime.

企業が従業員に残業させないようにすることがますます一般的になってきています。

鉄板構文 It is becoming more and more〈形容詞〉for A to ~〈動詞の原形〉.
「A が~することはますます〈形容詞〉になってきています。」

Exercise

解答はP.80

音読でアウトプット！

左ページの例文の音声を聞いて、3回ずつ声に出して読もう。

32

英訳でアウトプット！

和文を英訳しよう。点線がある場合は、字数と語数を表します。

1

1　リモートワークを始める

― ― ― ― ― ― ― ― ― ― ― ― ― ― ―

2　多くの従業員は、オフィスワークを＊続けるよりもリモートワークを始めることを好みます。＊continue

2

1　職場に行くのは時間がかかるので、多くの人が在宅勤務を好みます。

2　在宅勤務することで、人々はより＊効率的に働けると言われています。
＊efficiently

3

1　長時間労働を減らす

― ― ― ― ― ― ― ― ― ― ― ― ― ― ―

2　長時間労働を減らすことが人々のより健康で幸福な生活につながる可能性があります。

4

1　企業は従業員が残業することを＊防止するべきです。＊prevent A from ~ing

2　残業することは従業員の＊心身の健康に対して悪い影響を与えます。
＊mental and physical health

DAY

4

鉄板ボキャブラリー
ビジネス③

🔊 33

057

career opportunity
キャリアの機会

It is becoming more and more popular for students to seek **career opportunities** in farming and tourism fields.
学生が農業や観光業の分野でのキャリアの機会を求めることがますます人気になっています。

(便利な表現) seek A「Aを求める」/ farming「農業」/ tourism「観光業」

058

casual clothes
カジュアルな服装

The number of companies that let their employees wear **casual clothes** will increase in the future.
将来、 従業員にカジュアルな服装をさせる企業の数が増えるでしょう。

059

health insurance
健康保険

Health insurance plays an important role in helping employees stay healthy and work efficiently.
健康保険は、 従業員が健康でいられて効率的に仕事をするのを助ける上で重要な役割を果たします。

060

high income
高収入

Developing English ability and communication skills can lead to **high income** in the future.
英語力やコミュニケーションスキルを育むことは、 将来高収入につながる可能性があります。

Exercise

音読でアウトプット!

左ページの例文の音声を聞いて、3回ずつ声に出して読もう。

34

英訳でアウトプット!

和文を英訳しよう。点線がある場合は、字数と語数を表します。

1

1 キャリアの機会を探す

_ _ _ _ _ _ _ _ _ _ _ _ _ _ _

2 若者が都市でキャリアの機会を探すことがますます一般的になってきています。

2

1 カジュアルな服装を選ぶ

_ _ _ _ _ _ _ _ _ _ _ _

2 将来、より多くの労働者がビジネススーツの代わりにカジュアルな服装を選ぶことができるようになるでしょう。

3

1 健康保険を提供する

_ _ _ _ _ _ _ _ _ _ _

2 * 雇用主は従業員に健康保険を提供する上で重要な役割を果たします。
*employers

4

1 高収入を求める

_ _ _ _ _ _ _

2 高収入を求めることは、さまざまな分野でのより多くのキャリアの機会につながる可能性があります。

LESSON 4

鉄板ボキャブラリー
ビジネス④

🔊 35

061

large company
大企業

Many employees who work for large companies receive benefits such as high income and health insurance.
大企業で働く多くの従業員は、 高い収入や健康保険のような特典を受け取ります。

（便利な表現） benefits「特典・福利厚生」

062

job performance
仕事の成果

Effective communication is essential for improving job performance in any company.
効果的なコミュニケーションは、 どんな企業においても仕事の成果を改善する上で大切です。

（便利な表現） A is essential for ～ing.「～する上でAは大切です。」(essentialとimportantはどちらも「大切な」の意味です。)

063

make a profit
利益を生む

By using artificial intelligence, many companies will be able to make a profit in the future.
人工知能を利用することで、 将来多くの企業が利益を生むことができるようになるでしょう。

064

get promoted
昇進する

In order to get promoted, employees need to develop a sense of leadership.
昇進するためには、 従業員はリーダーシップの意識を育む必要があります。

Exercise

解答はP.81

音読でアウトプット！

左ページの例文の音声を聞いて、3回ずつ声に出して読もう。

36

英訳でアウトプット！

和文を英訳しよう。点線がある場合は、字数と語数を表します。

1

1 大企業を去る

― ― ― ― ― ― ― ― ― ― ― ― ― ― ― ― ― ―

2 大企業を去る多くの従業員が＊自分自身のビジネスを始めます。 ＊one's own

2

1 高い仕事の成果を見せる

― ― ― ― ― ― ― ― ― ― ― ― ― ― ― ― ―

2 定期的に高い仕事の成果を見せることは、より高い収入を得るために大切です。

3

1 最近では、利益を上げるために自分自身のビジネスを始める学生もいます。

2 より多くの＊発展途上国が情報技術を利用して利益を生むでしょう。
＊developing country

4

1 言語スキルだけでなく、社会的スキルも昇進する上で重要な役割を果たします。

2 昇進することで、従業員は職場でより高い収入を得ることができます。

DAY

4

LESSON 5

鉄板ボキャブラリー
ビジネス⑤

🔊 37

065

international trade
国際貿易

Thanks to international trade, people can use products and services at low cost.

国際貿易のおかげで、人々は低コストで製品やサービスを利用することができます。

(パラフレーズ（構文）) Thanks to B, A can ～（動詞の原形）.（= B enable(s) A to ～（動詞の原形）.）「B のおかげで A は～できます。」

(便利な表現) at low cost「低コストで」

066

economic growth
経済成長

Providing children with better learning environments can lead to economic growth.

子どもにより良い学習環境を提供することは、経済成長につながる可能性があります。

067

local economy
地域経済

The more people visit rural areas, the better these local economies become.

田舎の地域を訪れる人が多いほど、これらの地域経済はより良くなります。

(鉄板構文) The ⟨比較級①⟩ A ～, the ⟨比較級②⟩ B .... 「⟨比較級①⟩ A が～するほど、⟨比較級②⟩ B は…します。」

068

developing country
発展途上国

In the future, more Japanese companies will accept foreign workers from developing countries.

将来、より多くの日本企業が発展途上国からの外国人労働者を受け入れるでしょう。

(便利な表現) foreign worker「外国人労働者」

(セットで覚えたい表現) advanced country「先進国」

解答はP.81

Exercise

音読でアウトプット!

38

左ページの例文の音声を聞いて、3回ずつ声に出して読もう。

英訳でアウトプット!

和文を英訳しよう。点線がある場合は、字数と語数を表します。

1　1　国際貿易が原因で

――――――　――――　――――――――――　――――――――

　　　2　国際貿易が原因で、一部の人々のキャリアの機会が減るでしょう。

2　1　経済成長を促進する

――――――――――――　――――――――――　――――――――

　　　2　経済成長の促進は、将来の人々のより良い生活につながる可能性があります。

3　1　地域経済を支援する

――――――――――――　――――――――――　――――――――

　　　2　政府が地域経済を支援するほど、若者はより多くのキャリアの機会を得ます。

4　1　発展途上国の人々

――――――――　――――　―――――――――――――――――

　　　2　将来、より多くの発展途上国の若者はオンラインで学べるようになるでしょう。

D
A
Y

4

75

LESSON 6 鉄板ボキャブラリー
ビジネス⑥

🔊 39

---

069 customer service
顧客サービス

Some companies provide customer service 24 hours a day to attract more customers.

より多くの顧客を引きつけるために、24 時間体制で顧客サービスを提供する企業もあります。

---

070 imported goods
輸入品

It is becoming more and more common for people to buy imported goods because they are cheap.

安いため、人々が輸入品を買うことがますます一般的になってきています。

（ セットで覚えたい表現 ） locally-produced goods「地元産品」(imported goods の反対の意味)

---

071 labor cost
人件費

More companies will try to cut labor costs by taking advantage of artificial intelligence.

より多くの企業が人工知能を活用して人件費を削減しようとするでしょう。

（ 便利な表現 ） take advantage of A「A を活用する」

---

072 the tax rate
税率

If the government decreases the tax rate, companies will be able to sell more products.

もし政府が税率を下げれば、企業はより多くの製品を売ることができるようになるでしょう。

音読でアウトプット!

左ページの例文の音声を聞いて、3回ずつ声に出して読もう。

40

英訳でアウトプット!

和文を英訳しよう。点線がある場合は、字数と語数を表します。

1

1 顧客サービスを改善する

—————— —————— ——————

2 多くの企業はより多くの製品を販売するために、定期的に顧客サービスを改善します。

2

1 輸入品を選ぶ

—————— —————— ——————

2 一部の人々にとって、地元産品の代わりに輸入品を選ぶことがますます人気になっています。

3

1 人件費を増やす

—————— —————— ——————

2 一部の企業は、人件費を増やすことでより多くの製品やサービスを提供しようとするでしょう。

4

1 税率を上げる

—————— —————— ——————

2 もし政府が税率を上げれば、一部の企業は人件費を削減するでしょう。

DAY
4

下記の空欄に適切な単語を入れよう。

1 子どもの教育のための貯金をするために、残業を選択する働く親もいます。

Some（　　　　　）（　　　　　　　） choose to work overtime to save money for their children's education.

2 最近では、多くの企業においてリモートワークがますます人気になってきています。

（　　　　　　）（　　　　　　　） is becoming more and more popular for many companies these days.

3 経済成長を促進し、より多くのキャリア機会を生み出すことは、労働者の高収入につながる可能性があります。

Promoting economic growth and creating more career opportunities can lead to（　　　　　）（　　　　　） for workers.

4 良いキャリアを求めるために、大企業で働く必要はないと言う人もいます。

Some people say that working for（　　　　　）（　　　　　） is not necessary to seek good careers.

5 地域経済を改善することにより、田舎の地域に住む若者の数が増えるでしょう。

By improving（　　　　　　）（　　　　　　　）, the number of young people living in rural areas will increase.

6 人件費を削減することは、より良い製品とサービスを提供する上で重要な役割を果たします。

Cutting（　　　　　　）（　　　　　　　） plays an important role in providing better products and services.

ライティング模試①

解答はP.82

✏️ 本番を意識して答えましょう。 ※目安時間 25 分

● 以下の TOPIC について、あなたの意見とその理由を 2 つ書きなさい。

● POINTS は理由を書く際の参考となる観点を示したものです。ただし、これら以外の観点から理由を書いてもかまいません。

● 語数の目安は 80 語 〜 100 語です。

● 解答は、下の解答欄に書きなさい。なお、解答欄の外に書かれたものは採点されません。

● 解答が TOPIC に示された問いの答えになっていない場合や、TOPIC からずれていると判断された場合は、0 点と採点されることがあります。TOPIC の内容をよく読んでから答えてください。

TOPIC

Some people say that people living in urban areas have more career opportunities. Do you agree with this opinion?

POINTS

● *Education*　● *Income*　● *Local Business*

解答欄

解答・解説

Exercise P.67

1-1 gain work experience

1-2 Gaining work experience plays an important role in building confidence.

2-1 need good work-life balance

2-2 Young people need good work-life balance to enjoy their hobbies on holidays. / To enjoy their hobbies on holidays, young people need good work-life balance.

3-1 accept changing lifestyles

3-2 People's lives will become [be] better and easier by accepting changing lifestyles. / By accepting changing lifestyles, people's lives will become [be] better and easier.

4-1 support working parents

4-2 The number of communities that support working parents will increase in the future. / There will be more communities that support working parents in the future.

Exercise P.69

1-1 start remote work

1-2 Many [A lot of] employees would rather start remote work than continue office work. / Many [A lot of] employees prefer to start remote work rather than continue office work.

A would rather ～（動詞の原形）than … （動詞の原形）. と A prefer(s) to ～（動詞の原形）rather than … （動詞の原形）. はどちらも「A は…するよりも～することを好みます。」の意味です。

2-1 Going to the workplace takes time, so many [a lot of] people prefer to work from home. / It takes time to go to the workplace, so many [a lot of] people prefer to work from home. / Many [A lot of] people prefer to work from home because going to the workplace takes time. / Because it takes time to go to the workplace, many [a lot of] people prefer to work from home.

2-2 It is said that people can work more efficiently when they work from home. / It is said that people can work more efficiently by working from home.

3-1 reduce long working hours

3-2 Reducing long working hours can lead to [result in] healthier and happier lives for people.

4-1 Companies should prevent their employees from working overtime.

4-2 Working overtime has a negative effect [influence / impact] on employees' mental and physical health.

A have [has] a negative effect [influence / impact] on B. は「A は B に対して悪い影響を与えます。」の意味です。

Exercise P.71

1-1 look for career opportunities

1-2 It is becoming more and more common for young people to look for career opportunities in cities [urban areas].

2-1 choose casual clothes

2-2 More workers will be able to choose casual clothes instead of business suits in the future. / The number of workers who can choose casual clothes instead of business suits will increase in the future.

More A will ～ in the future. と The number of A who ～ will increase in the future. はどちらも「将来、～する A の数は増えるでしょう。」の意味です。

3-1 provide health insurance

3-2 Employers play an important role in providing health insurance for their employees. / Employers play an important role in providing their employees with health insurance.

provide A with B と provide B for A はどちら

も「AにBを提供する」の意味です。

4-1 seek high income

4-2 Seeking high income can lead to [result in] more career opportunities in various fields.

Exercise   P.73 ⊙

1-1 leave large companies

1-2 Many [A lot of] employees who leave large companies start their own businesses.

2-1 show high job performance

2-2 Showing high job performance regularly is essential [important] for getting higher income.

3-1 These days, some students start their own businesses to make a profit. / Some students start their own businesses to make a profit these days.

3-2 More developing countries will make a profit by using information technology. / By using information technology, more developing countries will make a profit.

4-1 Not only language skills but also social skills play an important role in getting promoted.

4-2 Getting promoted can help employees get higher income at their workplace. / Employees can get higher income at their workplace by getting promoted.

Exercise   P.75 ⊙

1-1 due to international trade

1-2 Due to international trade, career opportunities for some people will decrease. / Due to international trade, some people will get fewer career opportunities. / Due to international trade, there will be fewer career opportunities for some people.

B for A will decrease.「Aのための B は減るでしょう。」と A will get fewer B.「A はより少ない B を得るでしょう。」と There will be fewer B for A.「A にとって B はより少なくなるでしょう。」はどれも便利な表現です。
B が可算名詞の場合は fewer、不可算名詞の場合は less を使います。

2-1 promote economic growth

2-2 Promoting economic growth can lead to [result in] better lives for people in the future.

一般的に「経済成長」を意味する economic growth は不可算名詞なので、単数を表す an や複数を表す s はつきません。

3-1 support local economies

3-2 The more the government supports local economies, the more career opportunities young people get.

4-1 people in developing countries

4-2 More young people in developing countries will be able to learn online in the future. / The number of young people in developing countries who can learn online will increase in the future.

Exercise   P.77 ⊙

1-1 improve customer service

1-2 Many [A lot of] companies improve customer service regularly to sell more products.

2-1 choose imported goods

2-2 It is becoming more and more popular for some people to choose imported goods instead of locally-produced goods.

3-1 increase labor costs

3-2 Some companies will try to provide [offer] more products and services by increasing labor costs.

provide A と offer A はどちらも「A を提供する」の意味です。

4-1 increase the tax rate

4-2 If the government increases the tax

DAY
—
4

解答・解説

rate, some companies will cut labor costs.

まとめ復習　　　　　P.78 ○

1 Some (**working**) (**parents**) choose to work overtime to save money for their children's education.

　working parents は「働く親・共働きの親」の意味です。単数形の場合、working parent です。

2 (**Remote**) (**work**) is becoming more and more popular for many companies these days.

　remote work は「リモートワーク」の意味です。work remotely「リモートワークをする」という表現も便利です。

3 Promoting economic growth and creating more career opportunities can lead to (**high**) (**income**) for workers.

　high income は「高収入」の意味です。「収入」全般を意味する income は不可算名詞なので、単数を表す a や複数を表す s はつきません。

4 Some people say that working for (**large**) (**companies**) is not necessary to seek good careers.

　large companies は「大企業」の意味です。単数形の場合、large company です。

5 By improving (**local**) (**economies**), the number of young people living in rural areas will increase.

　local economies は「地域経済」の意味です。単数形の場合、local economy です。

6 Cutting (**labor**) (**costs**) plays an important role in providing better products and services.

　labor costs は「人件費」の意味です。単数形の場合、labor cost です。

ライティング模試①　　　P.79 ○

Some people say that people living in urban areas have more career opportunities. Do you agree with this opinion?

都市に住んでいる人々の方がより多くのキャリアの機会があると言う人がいます。 あなたはこの意見に同意しますか?

● *Education* 教育

● *Income* 収入

● *Local Business* 地域の事業

メモ例 都市に住んでいる人々の方がより多くのキャリアの機会がある？

	YES	NO
Education	教育の選択肢が多い（大学、カレッジ、研修センター） └ 質の良い教育を受ける→良い仕事を得たり、貴重な職務経験を得たりできる	田舎の人→良い仕事を求めてオンラインで教育を受けられる └ オンライン授業を提供する大学などが増加→都市に住む必要ない
Income	都市の人は昇給のために転職する └ 東京の方が小さな町より高い収入の仕事がある	
Local Business		地域の事業が田舎の人に仕事を提供 └ 農業や観光業界で働くことが人気になっている

【YES 解答例】（合計 99 語）

I agree that people living in urban areas have more career opportunities.

First, people in cities have various educational options such as universities, colleges, and training centers. Getting a quality education plays an important role in getting a decent job and gaining valuable work experience.

Second, it is becoming more and more common for people living in cities to change jobs to seek higher income. For example, Tokyo, as a major city, provides more jobs that offer high income than smaller towns in Japan.

For these reasons, I think that living in cities can lead to more career opportunities.

私は都市に住んでいる人々の方がより多くのキャリアの機会があるということに同意します。

1つ目に、都市に住む人々は大学、カレッジ、研修センターなど、さまざまな教育の選択肢を持っています。質の良い教育を受けることは、良い仕事を得たり、貴重な職務経験を得る上で重要な役割を果たします。

2つ目に、都市に住む人々が高い収入を求めて転職することがますます一般的になっています。例えば、日本の主要都市である東京には、他の小さな町よりも高収入を提供する仕事がより多くあります。

これらの理由から、私は都市に住むことがより多くのキャリアの機会につながる可能性があると思います。

【NO 解答例】（合計 94 語）

I disagree that people living in urban areas have more career opportunities.

First, people living in rural areas can get a quality education online to seek decent jobs. The number of universities and colleges that offer online lessons is increasing, so people do not have to live in urban areas.

Second, many local businesses offer jobs to people in small towns. For instance, it is becoming more and more popular to work in farming and tourism fields.

For these reasons, I do not think that living in cities can lead to more career opportunities.

私は都市に住んでいる人々の方がより多くのキャリアの機会があるということに同意しません。

1つ目に、地方に住んでいる人々もオンラインで質の良い教育を受けて、良い仕事を求めることができます。オンライン授業を提供する大学やカレッジの数が増えているので、都市部に住む必要はありません。

2つ目に、小さな町に住む人々に対して多くの地域の事業が仕事を提供しています。例えば、農業や観光業の分野で働くことがますます人気になってきています。

これらの理由から、私は都市に住むことがより多くのキャリアの機会につながる可能性があるとは思いません。

鉄板ボキャブラリー
社会・健康①

🔊 41

073

medical care
医療ケア

If there were no medical care, people would not be able to live long.
医療ケアがなければ、人々は長生きすることができないでしょう。

(パラフレーズ（構文）) If there were no B, A would not be able to ～（動詞の原形）. (= Without B, A would not be able to ～（動詞の原形）.)「B がなければ、A は～することができないでしょう。」

074

mental and physical health
心身の健康

It is said that a lack of sleep has a negative influence on people's mental and physical health.
睡眠不足は人々の心身の健康に対して悪い影響を与えると言われています。

(鉄板構文) A have [has] a negative influence on B.「A は B に対して悪い影響を与えます。」

075

health check-up
健康診断

Regular health check-ups play an important role in discovering serious illnesses and diseases.
定期的に健康診断を受けることは深刻な病気を発見する上で重要な役割を果たします。

(解説) physical check-up「身体的な診断」も似た意味です。

(鉄板構文) A play(s) an important role in ～ing.「A は～する上で重要な役割を果たします。」

(便利な表現) discover A「A を発見する」/ disease, illness「病気」（ニュアンスの違いとしては、disease は身体的な病気、illness は身体的な病気の他に心の不調や健康問題も含みます。）

076

health supplement
健康補助食品

Some people choose to take health supplements instead of eating only real food such as meat and vegetables.
肉や野菜といった本物の食べ物だけを食べる代わりに、健康補助食品を摂取することを選択する人もいます。

(鉄板構文) A ... instead of ～ing / B.「～する／B の代わりに A が…します。」

Exercise

解答はP.98

音読でアウトプット!

42

左ページの例文の音声を聞いて、3回ずつ声に出して読もう。

英訳でアウトプット!

和文を英訳しよう。点線がある場合は、字数と語数を表します。

1
1 医療ケアを提供する

――――― ――――― ―――――

2 政府からの支援がなければ、病院は医療ケアを提供することができないでしょう。

2
1 心身の健康を改善する

――――― ――――― ―――――

―――――

2 心身の健康を改善することは、人々の幸福に対して良い影響を与えます。

3
1 健康診断を受ける

―――― ― ――――― ―――――

2 健康診断を受けることは、健康で強くいる上で重要な役割を果たします。

4
1 健康補助食品を買う

――― ――――― ―――――――

2 * 近くの薬局の薬の代わりに、オンラインで健康補助食品を買う選択をする人もいます。 *at a drugstore nearby

D
A
Y
—
5

85

鉄板ボキャブラリー
社会・健康②

43

077

cause illnesses
病気の原因となる

Unhealthy lifestyles such as staying up late and eating too much junk food can cause illnesses.

夜更かしをしたりジャンクフードを食べすぎるといった不健康なライフスタイルは、病気の原因となる可能性があります。

（便利な表現） stay up late「夜更かしをする」

078

reduce stress
ストレスを軽減する

A lot of people take advantage of various kinds of smartphone apps to reduce stress.

多くの人がさまざまな種類のスマートフォンアプリを活用してストレスを軽減します。

（鉄板構文） A take(s) advantage of B to ~（動詞の原形）.「A は~するために B を活用します。」

079

get enough sleep
十分な睡眠をとる

High school students who take part in club activities are too busy to get enough sleep.

部活動に参加している高校生は、忙しすぎて十分な睡眠をとることができません。

（便利な表現） club activity「部活動」

080

live longer
より長生きする

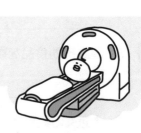

Thanks to advanced medical care, people will be able to live longer in the future.

先進的な医療のおかげで、人々は将来より長生きすることができるようになるでしょう。

（パラフレーズ（構文）） Thanks to B, A can ~（動詞の原形）. (= B enable(s) A to ~（動詞の原形）.)「B のおかげで A は~できます。」

音読でアウトプット!

左ページの例文の音声を聞いて、3回ずつ声に出して読もう。

44

英訳でアウトプット!

和文を英訳しよう。点線がある場合は、字数と語数を表します。

1

1　喫煙やお酒を飲みすぎることは病気の原因となると言われています。

_____

2　定期的な健康診断を＊省くと病気の原因となる可能性があるので、人々は注意するべきです。*skip

_____

2

1　多くの人がキャンプ、ハイキング、釣りといった屋外活動を活用してストレスを軽減しています。

_____

2　人々は自由な時間を楽しむほど、ストレスを軽減できます。

_____

3

1　もし人々が疲れすぎて何もできないなら、十分な睡眠をとるべきです。

_____

2　十分な睡眠をとることは、仕事に集中する上で重要な役割を果たします。

_____

4

1　より健康的なライフスタイルのおかげで、日本人は将来より長生きすることができるようになるでしょう。

_____

2　1日3回健康的な食事をとる人はより長生きすることができるようになるでしょう。

_____

D
A
Y
—
5

LESSON 3 鉄板ボキャブラリー
社会・健康③

🔊 45

081
enough exercise
十分な運動

Not getting **enough exercise** every day can lead to various health problems.

毎日十分な運動をしないことは、さまざまな健康問題につながる可能性があります。

(パラフレーズ(構文)) A can lead to B. (= A can result in B.)「A は B につながる可能性があります。」

(便利な表現) health problem「健康問題」

082
balanced diet
バランスの取れた食事

Not only regular exercise but also a **balanced diet** is important for staying healthy.

定期的な運動だけでなく、バランスの取れた食事も健康を維持するために大切です。

(鉄板構文) Not only A but also B ~ .「A だけでなく B も~します。」

(便利な表現) regular exercise「定期的な運動」

083
eating habits
食習慣

Good **eating habits** positively influence weight loss and disease prevention.

良い食習慣は体重減少と病気の予防に良い影響を与えます。

(便利な表現) A positively influence(s) B.「A は B に良い影響を与えます。」(逆の意味を表す場合：A negatively influence(s) B.「A は B に悪い影響を与えます。」) / weight loss「体重減少」/ disease prevention「病気の予防」

084
locally-grown food
地元の食材

Some people prefer to eat **locally-grown food** rather than foreign food for their health.

健康のために、外国産の食材よりも地元の食材を食べることを好む人もいます。

(パラフレーズ(構文)) A prefer(s) to ~ (動詞の原形) rather than ... (動詞の原形). (= A would rather ~ (動詞の原形) than ... (動詞の原形).)「A は…するよりも~することを好みます。」

Exercise

音読でアウトプット!

46

左ページの例文の音声を聞いて、3回ずつ声に出して読もう。

英訳でアウトプット!

和文を英訳しよう。点線がある場合は、字数と語数を表します。

1　1　十分な運動が必要である

　　　———— ———— ————

　　2　忙しい人々は心の病を予防するために十分な運動が必要であると言われています。

2　1　バランスの取れた食事をする(食べる)

　　　———— —— ———————— ————

　　2　勉強だけでなく、バランスの取れた食事をすることも学生にとって大切です。

3　1　食習慣を変える

　　　———— ———— ————

　　2　過剰なジャンクフードは人々の健康に悪い影響を与えるので、彼らは食習慣を変える必要があります。

4　1　地元の食材を選ぶ

　　　———— ———— ————

　　2　多くの人は、日常の食事にファストフードよりも地元の食材を選ぶことを好みます。

DAY
5

89

LESSON 4 鉄板ボキャブラリー
社会・健康④

47

085

eat out
外食する

Nowadays, it is becoming more and more common for families to **eat out** instead of cooking at home.

最近では、 家族が家で料理する代わりに外食することがますます一般的になっています。

（鉄板構文） It is becoming more and more〈形容詞〉for A to ～（動詞の原形）.「A が～することはますます〈形容詞〉になってきています。」

086

gain weight
体重を増やす

People who cannot stop eating snacks late at night end up **gaining weight**.

夜遅くにおやつを食べるのを止められない人々は、 結局体重を増やすことになります。

（便利な表現） A end(s) up ~ing.「A は結局～することになります。」/ late at night「夜遅くに」

087

nursing home
介護施設

A lack of **nursing homes** can lead to serious problems for many families.

介護施設の不足は、 多くの家族にとって深刻な問題につながる可能性があります。

（便利な表現） a lack of A「A の不足」

088

the aging society
高齢化社会

Due to **the aging society**, the number of nursing homes will increase even more in the future.

高齢化社会のため、 将来介護施設の数はさらに増えるでしょう。

（パラフレーズ（構文）） The number of A will increase in the future. (= There will be more A in the future.)「将来、 A の数は増えるでしょう。」

Exercise

解答はP.99

音読でアウトプット！

左ページの例文の音声を聞いて、3回ずつ声に出して読もう。

48

英訳でアウトプット！

和文を英訳しよう。点線がある場合は、字数と語数を表します。

1

1　変化するライフスタイル＊により、人々が外食することがますます人気になってきています。＊because of

2　人々は疲れすぎて料理ができないとき、レストランで外食します。

2

1　食事を＊抜くことによってダイエットを始める多くの人は、結局体重を増やすことになります。＊skip

2　体重を増やすことは、心身の健康に対して悪い影響を与えます。

3

1　介護施設を支援する

2　介護施設を支援するコミュニティの不足は、深刻な問題につながる可能性があります。

4

1　高齢化社会において（の中で）

2　高齢化社会において、政府が子どもの数を増やすことは大切です。

DAY
5

91

LESSON 5 鉄板ボキャブラリー 社会・健康⑤

089 join volunteer activities
ボランティア活動に参加する

Many people are too busy to join volunteer activities on weekends.
忙しすぎて、多くの人は週末にボランティア活動に参加することができません。

（パラフレーズ（構文）） A is[are] too〈形容詞〉to ~（動詞の原形）.（= A is[are] so〈形容詞〉that A の代名詞 cannot ~（動詞の原形）.）「A は〈形容詞〉すぎて~できません。」

090 quality of life
生活の質

Regular exercise has a positive effect on quality of life.
定期的な運動は、生活の質に対して良い影響を与えます。

091 cultural exchange
文化交流

Cultural exchange plays an important role in understanding people from different backgrounds.
文化交流は、異なるバックグラウンドを持つ人々を理解する上で重要な役割を果たします。

（便利な表現） different backgrounds「異なるバックグラウンド」

092 public safety
公共の安全

Crime is increasing, so the government should do more for public safety.
犯罪が増えているため、政府は公共の安全についてさらに多くの取り組みを行うべきです。

解説 特定の犯罪ではなく、一般的な広い意味で crime「犯罪」を使う場合は、単数を表す a や複数を表す s は不要です。

（便利な表現） A is[are] increasing (decreasing).「A は増えて（減って）います。」

Exercise

音読でアウトプット！

左ページの例文の音声を聞いて、3回ずつ声に出して読もう。

50

英訳でアウトプット！

和文を英訳しよう。点線がある場合は、字数と語数を表します。

1

1　ほとんどの高校生は、忙しすぎて放課後にボランティア活動に参加することができません。

2　ボランティア活動に参加する学生は、貴重な経験を得て、社会的スキルを構築します。

2

1　生活の質に影響を与える

2　他者とのコミュニケーションは、生活の質に良い影響を与えます。

3

1　文化交流を促進する

2　留学は、学生にとって文化交流を促進する上で重要な役割を果たします。

4

1　公共の安全を守る

2　公共の安全を守ることがますます必要になってきています。

DAY
—
5

6

鉄板ボキャブラリー
社会・健康⑥

51

○93

pet owner
ペットの飼い主

Pet owners are responsible for taking care of their pets such as feeding or walking them.

ペットの飼い主は、ペットにエサを与えたり散歩をさせたりといった世話をする責任があります。

（便利な表現）A is [are] responsible for ~ing.「A は~する責任があります。」

○94

vote in elections
選挙で投票する

Voting in elections has a positive effect on society and the country.

選挙で投票することは、社会と国に対して良い影響を与えます。

○95

prevent crimes
犯罪を防止する

Increasing the number of street lights can **prevent crimes** at night.

街灯の数を増やすことで、夜の犯罪を防止することができます。

○96

raise children
子育てをする

Parents play an important role in **raising children** and developing their social skills.

親は、子育てをし子どもの社会的スキルを育む上で重要な役割を果たします。

Exercise

音読でアウトプット！

左ページの例文の音声を聞いて、3回ずつ声に出して読もう。

🔊 52

英訳でアウトプット！

和文を英訳しよう。点線がある場合は、字数と語数を表します。

1　1　ペットの飼い主にとって、ペットに安全で * 快適な環境を提供することは重要です。*comfortable

2　ペットを世話できる家を見つけることは、ペットの飼い主にとって難しいです。

2　1　SNS は、選挙に投票する若者の数に対して良い影響を与えます。

2　先進技術のおかげで、人々はインターネットで選挙に投票することができるようになるでしょう。

3　1　* 社会的なイベントを促すことで、犯罪を防止し公共の安全を守ることができます。*social events

2　ボランティア活動に参加することは、都市での犯罪を防止することに対して良い影響を与えます。

4　1　子育てをすることは、日本の経済成長を促進する上で重要な役割を果たします。

2　現代では、仕事と生活のバランスを改善することが子育てをすることに対して良い影響を与えます。

D
A
Y

5

まとめ復習

解答はP.100

 下記の空欄に適切な単語を入れよう。

1 バランスの取れた食事をとり、運動をすることで、より良い心身の健康につながる可能性があります。

Eating a balanced diet and doing physical exercise can lead to better (   ) (   ) (   ) (   ).

2 定期的な運動だけでなくストレス管理も、人々がより長生きするのに役立ちます。

Not only regular exercise but also stress management helps people (   ) (   ).

3 レストランが果物や野菜といった地元の食材を使うことはますます一般的になってきています。

It is becoming more and more common for restaurants to use (   ) (   ) such as fruits and vegetables.

4 高齢化社会は、十分な医療と老人ホームの提供を難しくします。

(   ) (   ) (   ) makes it difficult to provide enough medical care and nursing homes.

5 もし政府が公共の安全を改善するために努力すれば、人々は平和に暮らすことができるようになるでしょう。

If the government makes an effort to improve (   ) (   ), people will be able to live in peace.

6 子育てをする人の数を増やすことは、日本の社会をより良くする上で重要な役割を果たします。

Increasing the number of people who (   ) (   ) plays an important role in improving Japanese society.

ライティング模試②

解答はP.100

 本番を意識して答えましょう。 ※目安時間 25 分

- 以下の TOPIC について、あなたの意見とその理由を 2 つ書きなさい。
- POINTS は理由を書く際の参考となる観点を示したものです。ただし、これら以外の観点から理由を書いてもかまいません。
- 語数の目安は 80 語～100 語です。
- 解答は、下の解答欄に書きなさい。なお、解答欄の外に書かれたものは採点されません。
- 解答が TOPIC に示された問いの答えになっていない場合や、TOPIC からずれていると判断された場合は、0 点と採点されることがあります。TOPIC の内容をよく読んでから答えてください。

TOPIC

Some people say that seeing a doctor online will be common in the future. Do you agree with this opinion?

POINTS

● *Convenience*　● *Technology*　● *Effect*

解答欄

_____

_____

_____

_____

_____

_____

_____

DAY
5

解答・解説

Exercise　　　　　　P.85

1-1 provide medical care

1-2 If there were no support from the government, hospitals would not be able to provide medical care. / Hospitals would not be able to provide medical care if there were no support from the government. / Without support from the government, hospitals would not be able to provide medical care. / Hospitals would not be able to provide medical care without support from the government.

If there were no B, A would not be able to ~（動詞の原形）. と Without B, A would not be able to ~（動詞の原形）. はどちらも「B がなければ、A は～することができないでしょう。」の意味です。

2-1 improve mental and physical health

2-2 Improving mental and physical health has a positive effect [influence / impact] on people's happiness.

3-1 get a health check-up

3-2 Getting a health check-up plays an important role in staying healthy and strong.

4-1 buy health supplements

4-2 Some people choose to buy health supplements online instead of medicines at a drugstore nearby.

drugstore は「薬局」の意味です。
nearby は「近くの」の意味です。

Exercise　　　　　　P.87

1-1 It is said that smoking and drinking too much alcohol can cause illnesses.

1-2 Skipping regular check-ups can cause illnesses, so people should be careful. / People should be careful because skipping regular check-ups can cause illnesses.

2-1 Many [A lot of] people take advantage of outdoor activities such as camping, hiking, and fishing to reduce stress.

2-2 The more people enjoy their free time, the more they can reduce stress.

3-1 If people are too tired to do anything, they should get enough sleep. / People should get enough sleep if they are too tired to do anything.

3-2 Getting enough sleep plays an important role in concentrating on work.

concentrate on A は「A に集中する」の意味です。

4-1 Thanks to healthier lifestyles, Japanese [Japanese people] will be able to live longer in the future.

4-2 People who eat healthy meals three times a day will be able to live longer.

ここでは、who eat healthy meals three times a day「1 日 3 回健康的な食事をとる」という情報が、people「人々」を詳しく説明しています。

Exercise　　　　　　P.89

1-1 need enough exercise

1-2 It is said that busy people need enough exercise to prevent mental illness.

2-1 eat a balanced diet

2-2 Not only studying but also eating a balanced diet is important for students.

Not only A but also B ~. は「A だけでなく B も～します。」の意味です。

3-1 change eating habits

3-2 Too much junk food negatively influences people's health, so they need to change eating habits. / People need to change eating habits because too much junk food negatively influences their health.

4-1 choose locally-grown food

4-2 Many [A lot of] people prefer to choose locally-grown food rather than fast food for daily meals.

Exercise　P.91

1-1 Because of changing lifestyles, it is becoming more and more popular for people to eat out.

1-2 When people are too tired to cook, they eat out at restaurants. / People eat out at restaurants when they are too tired to cook.

2-1 Many [A lot of] people who start a diet by skipping meals end up gaining weight.

2-2 Gaining weight has a negative effect [influence / impact] on mental and physical health.

3-1 support nursing homes

3-2 A lack of communities that support nursing homes can lead to [result in] serious problems [issues].

problem と issue はどちらも「問題」の意味です。

4-1 in the aging society

4-2 In the aging society, it is important for the government to increase the number of children. / It is important for the government to increase the number of children in the aging society.

Exercise　P.93

1-1 Most high school students are too busy to join [take part in] volunteer activities after school. / Most high school students are so busy that they cannot join [take part in] volunteer activities after school.

1-2 Students who join [take part in] volunteer activities gain valuable experience and build social skills.

2-1 influence quality of life

2-2 Communication with others [other people] positively influences quality of life.

3-1 promote cultural exchange

3-2 Studying abroad plays an important role in promoting cultural exchange for students.

4-1 protect public safety

4-2 It is becoming more and more necessary to protect public safety.

Exercise　P.95

1-1 It is important for pet owners to provide a safe and comfortable environment for their pets. / It is important for pet owners to provide their pets with a safe and comfortable environment.

1-2 It is difficult for pet owners to find houses where they can take care of their pets. / Pet owners find it difficult to find houses where they can take care of their pets.

ここでは、where they can take care of their pets「ペットを世話できる」という情報が、houses「家」を詳しく説明しています。

2-1 Social media has a positive effect [influence / impact] on the number of young people who vote in elections. / Social media positively influences the number of young people who vote in elections.

2-2 Thanks to advanced technology, people will be able to vote in elections on the Internet.

3-1 Promoting social events can prevent crimes and protect public safety. / People can prevent crimes and protect public safety by promoting social events.

3-2 Joining [Taking part in] volunteer activities has a positive effect [influence / impact] on preventing crimes in cities [urban areas].

4-1 Raising children plays an important role in promoting economic growth in Japan.

DAY
5

解答・解説

4-2 Today, improving work-life balance has a positive effect [influence / impact] on raising children. / Improving work-life balance has a positive effect [influence / impact] on raising children today.

まとめ復習　　　　　P.96

1 Eating a balanced diet and doing physical exercise can lead to better (**mental**) (**and**) (**physical**) (**health**).

mental and physical health は「心身の健康」の意味です。stay healthy mentally and physically「心身ともに健康でいる」という表現も便利です。

2 Not only regular exercise but also stress management helps people (**live**) (**longer**).

live longer は「より長生きする」の意味です。live long「長生きする」という表現も便利です。stress management は「ストレス管理」の意味です。

3 It is becoming more and more common for restaurants to use (**locally-grown**) (**food**) such as fruits and vegetables.

food は原則不可算名詞として扱われます。ここでの food も不可算名詞なので、単数を表す a や複数を表す s はつきません。

4 (**The**) (**aging**) (**society**) makes it difficult to provide enough medical care and nursing homes.

the aging society は「高齢化社会」の意味です。
A make(s) it difficult to ~（動詞の原形）. は「A は~することを難しくします。」の意味です。

5 If the government makes an effort to improve (**public**) (**safety**), people will be able to live in peace.

public safety は「公共の安全」の意味です。

6 Increasing the number of people who (**raise**) (**children**) plays an important role in improving Japanese society.

raise children は「子育てをする」の意味です。

ライティング模試②　　P.97

Some people say that seeing a doctor online will be common in the future. Do you agree with this opinion?

将来オンラインで医師に診てもらうことが一般的になると言う人がいます。 あなたはこの意見に同意しますか？

● *Convenience* 便利さ
● *Technology* テクノロジー
● *Effect* 効果

<table>
<tr><td>メモ例</td><td colspan="2">将来オンラインで医師に診てもらうことは一般的になる?</td></tr>
<tr><td></td><td>YES</td><td>NO</td></tr>
<tr><td>Convenience</td><td>時間を節約し、人々の生活をより便利にする
└病院に行ったり並んだりする必要がない</td><td>デジタル機器を使うことが不便な人もいる
└高齢者はオンライン医療サービスを効果的に使えない</td></tr>
<tr><td>Technology</td><td>効率的に薬を受け取れる
└近くの薬局に行く・郵送で受け取る</td><td></td></tr>
<tr><td>Effect</td><td></td><td>対面と比べて効果的ではない
└実際の診察がない→難しい
深刻な病気を見つけられない</td></tr>
</table>

【YES 解答例】（合計 96 語）

I agree that seeing a doctor online will be common in the future.

First, an online medical service plays an important role in saving a lot of time and making people's lives more convenient. They do not have to travel to the hospital and wait in line.

Second, thanks to advanced technology, patients can get their medicines efficiently after seeing a doctor online. For example, they can pick up their medicines at a drugstore nearby or receive them by mail.

For these reasons, I think that more people will see a doctor online in the future.

私は将来オンラインで医師に診てもらうことが一般的になるということに同意します。

1つ目に、オンラインの医療サービスは、多くの時間を節約したり人々の生活をより便利にする上で重要な役割を果たします。彼らは病院へ移動したり行列に並ぶ必要がありません。

2つ目に、先進技術のおかげで、患者はオンラインで医師に診てもらった後、効率的に薬を受け取ることができます。例えば、近くの薬局で処方薬を受け取ったり、郵送で受け取ることができます。

これらの理由から、将来はより多くの人がオンラインで医師に診てもらうことになると思います。

【NO 解答例】（合計 90 語）

I disagree that seeing a doctor online will be common in the future.

First, using digital devices such as smartphones, tablet devices, and computers is not convenient for everyone. For instance, most elderly people find it difficult to use an online medical service effectively.

Second, seeing a doctor online is not as effective as having face-to-face communication with a doctor. Without physical check-ups, doctors would not be able to discover serious diseases.

For these reasons, I do not think that more people will see a doctor online in the future.

私は将来オンラインで医師に診てもらうことが一般的になるということに同意しません。

1つ目に、スマートフォンやタブレット、コンピューターのようなデジタル機器を使うことが、全員にとって便利なわけではありません。例えば、高齢者の多くはオンラインの医療サービスを効果的に利用するのが難しいと感じます。

2つ目に、オンラインでの医師の診察は、対面でのコミュニケーションほど効果的ではありません。身体的な診断がなければ、医師は深刻な病気を発見することができないでしょう。

これらの理由から、将来より多くの人がオンラインで医師に診てもらうことになるとは思いません。

DAY

5

鉄板ボキャブラリー
環境①

53

097

climate change
気候変動

Climate change causes high temperatures and makes it difficult for people to stay outside in summer.

気候変動は高温の原因となり、 人々が夏に外で過ごすことを難しくします。

（便利な表現） A make(s) it difficult to ～(動詞の原形).「A は～することを難しくします。」

098

air pollution
大気汚染

Air pollution can be harmful to human health and nature, including forests and oceans.

大気汚染は、 人間の健康と森林や海洋などの自然を害する可能性があります。

（解説） including の後に挙げる例がその文において重要ではない場合は、 including の前（文中であれば例の後にも）にカンマ(,)をつけましょう。 例えば、ここでは forests や oceans がなくても、 前の nature だけで文の意味が通じるのでカンマ(,)をつけています。

（パラフレーズ（構文）） A can be harmful to B. (= A can damage B.)「A は B を害する可能性があります。」

099

environmental issue
環境問題

Young people should pay more attention to environmental issues such as air pollution and climate change.

若者は、 大気汚染や気候変動などの環境問題により注目するべきです。

（解説） environmental issues と environmental problems はどちらも「環境問題」の意味です。

100

sea level rise
海面上昇

Sea level rise has a negative impact on many countries, and this can damage people's peaceful lives.

海面上昇は多くの国に対して悪い影響を与え、 これが人々の平和な生活を害する可能性があります。

（解説） and は文頭ではなく文中のつなぎ言葉として使いましょう。
×例：前の文 . And this can damage ～ . ○例：前の文 , and this can damage ～ .

（鉄板構文） A have [has] a negative impact on B.「A は B に対して悪い影響を与えます。」

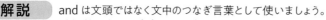

音読でアウトプット！

54

左ページの例文の音声を聞いて、3回ずつ声に出して読もう。

英訳でアウトプット！

和文を英訳しよう。点線がある場合は、字数と語数を表します。

1　1　気候変動の原因となる

　　　― ― ― ― ― ― ― ― ― ― ― ― ―

　　2　自動車を運転することや木を切ることといった＊人間の活動が気候変動の原因となる可能性があります。*human activities

2　1　大気汚染を減らす

　　　― ― ― ― ― ― ― ― ― ― ― ― ―

　　2　＊工場は人間の健康を害する可能性があるため、大気汚染を減らすことが大切です。*factories

3　1　環境問題について考える

　　　― ― ― ― ― ― ― ― ― ― ― ― ―

　　2　人々は自然により注目し、環境問題について考えるべきです。

4　1　海面上昇につながる

　　　― ― ― ― ― ― ― ― ― ― ― ― ―

　　2　＊都市開発は海面上昇につながる可能性があり、これが日常生活に対して悪い影響を与えます。*urban development

D
A
Y
―
6

LESSON 2 鉄板ボキャブラリー
環境②

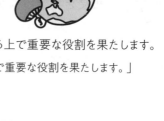

🔊 55

101
global warming
地球温暖化

Recycling used products plays an important role in slowing down **global warming**.

使われた製品をリサイクルすることは、地球温暖化の進行を遅らせる上で重要な役割を果たします。

(鉄板構文) A play(s) an important role in ~ing.「A は~する上で重要な役割を果たします。」

(便利な表現) slow down A「A を遅らせる」

102
carbon dioxide
二酸化炭素

Reducing the amount of **carbon dioxide** has a positive impact on climate change.

二酸化炭素の量を減らすことは、気候変動に対して良い影響を与えます。

(解説) the amount of A「A の量」は不可算名詞の量を表します。一方、the number of A「A の数」は可算名詞の数を表します。例 the amount of water「水の量」/ the number of people「人の数」

103
greenhouse gas emissions
温室効果ガスの排出

Greenhouse gas emissions can lead to serious health problems for human beings and animals.

温室効果ガスの排出は、人間や動物にとって深刻な健康問題につながる可能性があります。

(パラフレーズ(構文)) A can lead to B. (= A can result in B.)「A は B につながる可能性があります。」

(セットで覚えたい表現) human beings「人間」

104
emit exhaust gas
排気ガスを排出する

Cars and buses **emit exhaust gas**, and this can be harmful to air quality and the climate.

自動車やバスは排気ガスを排出し、これが大気の質と気候を害する可能性があります。

音読でアウトプット！

56

左ページの例文の音声を聞いて、3回ずつ声に出して読もう。

英訳でアウトプット！

和文を英訳しよう。点線がある場合は、字数と語数を表します。

1　1　地球温暖化を理解する

　　　2　ボランティア活動に参加することは、地球温暖化を理解する上で重要な役割を果たします。

2　1　二酸化炭素を生み出す

　　　2　* ガソリンは二酸化炭素を生み出し、これが環境に対して悪い影響を与えます。*gasoline

3　1　温室効果ガスの排出を防ぐ

　　　2　温室効果ガスの排出を防止することは、人々のより健康で安全な生活スタイルにつながる可能性があります。

4　1　飛行機は排気ガスを排出し、これが空港近くに住んでいる人々を害する可能性があります。

　　　2　排気ガスを排出するので、日本人は * 石油ヒーターを使うことをやめるべきです。*oil heaters

DAY
6

LESSON 3 鉄板ボキャブラリー 環境③

57

105 renewable resource
再生可能資源

Thanks to **renewable resources**, Japan will be able to reduce greenhouse gas emissions.

再生可能資源のおかげで、 日本は温室効果ガスの排出を削減することができるようになるでしょう。

（ パラフレーズ（構文）） Thanks to B, A can ～（動詞の原形）. (= B enable(s) A to ～（動詞の原形）.) 「B の おかげで A は～できます。」

106 fossil fuel
化石燃料

In a sustainable society, relying too much on **fossil fuels** can be a waste of energy.

持続可能な社会では、 化石燃料に頼りすぎることはエネルギーの無駄になる可能性があります。

（ 鉄板構文 ） ～ing can be a waste of A. 「～することは A の無駄になる可能性があります。」

（ 便利な表現 ） sustainable society「持続可能な社会」 / rely on A「A に頼る」

107 solar and wind power
太陽光と風力

Japan should take advantage of **solar and wind power** to create a sustainable society.

日本は持続可能な社会を作るために、 太陽光と風力を活用するべきです。

（ セットで覚えたい表現 ） solar panel「太陽光パネル」

（ 鉄板構文 ） A take(s) advantage of B to ～（動詞の原形）. 「A は～するために B を活用します。」

108 electricity cost
電気代

Global warming and air pollution have a negative impact on **electricity costs**.

地球温暖化と大気汚染は、 電気代に対して悪い影響を与えます。

音読でアウトプット！

左ページの例文の音声を聞いて、3回ずつ声に出して読もう。

58

英訳でアウトプット！

和文を英訳しよう。点線がある場合は、字数と語数を表します。

1　1　再生可能資源を使う

　　　2　先進技術のおかげで、日本は再生可能資源を使うことができるようになるでしょう。

2　1　化石燃料を燃やす

　　　2　化石燃料を燃やすことは、持続可能な社会において再生可能資源の無駄になる可能性があります。

3　1　太陽光と風力を使う

　　　2　政府は、太陽光と風力を使い、二酸化炭素の量を減らすべきです。

4　1　電気代を減らす

　　　2　多くの人が家に太陽光パネルを設置して電気代を削減しています。

DAY 6

LESSON 4 鉄板ボキャブラリー
環境④

109 electric vehicle
電気自動車

It is becoming more and more common to drive an electric vehicle instead of a gasoline car.
ガソリン車の代わりに電気自動車を運転することがますます一般的になってきています。

鉄板構文 A ... instead of ~ing / B.「~する／B の代わりに A が…します。」

110 natural disaster
自然災害

There is a possibility that natural disasters will damage a lot of buildings, so it is necessary to prepare for them.
自然災害が多くの建物を害する可能性があるため、 それらに備える必要があります。

便利な表現 There is a possibility that A will ~ .「A が~する可能性があります。」 / prepare for A「A に備える」

111 earthquakes and hurricanes
地震とハリケーン

The number of natural disasters, such as earthquakes and hurricanes, will increase in the future.
将来、 地震やハリケーンのような自然災害の数は増えるでしょう。

解説 such as の後に挙げる例がその文において重要ではない場合は、 such as の前（文中であれば例の後にも）にカンマ(,)をつけましょう。

パラフレーズ（構文） The number of A will increase in the future. (= There will be more A in the future.)「将来、 A の数は増えるでしょう。」

112 endangered animal
絶滅危惧種の動物

It is essential for the government to prevent endangered animals from disappearing.
政府が絶滅危惧種の動物が消失するのを防ぐことは大切です。

パラフレーズ（構文） It is〈形容詞〉for A to ~〈動詞の原形〉. (= ~ing is〈形容詞〉for A.)「A にとって~することは〈形容詞〉です。」

音読でアウトプット!

左ページの例文の音声を聞いて、3回ずつ声に出して読もう。

60

英訳でアウトプット!

和文を英訳しよう。点線がある場合は、字数と語数を表します。

1　1　電気自動車を買う

　　　 —

　　2　最近では、電気自動車を買うことがますます一般的になってきています。

2　1　自然災害を防ぐ

　　　 — — — — — — — — — — — — — — — — — —

　　2　将来、人々が自然災害を防ぐことができるようになる可能性があります。

3　1　地震とハリケーンに備える

　　　 — — — — — — — — — — — — — — — — — —
　　　 — — — — — —

　　2　* 教育キャンペーンは、地震とハリケーンに備える上で重要な役割を果たします。 *educational campaigns

4　1　絶滅危惧種の動物を守る

　　　 — — — — — — — — — — — — — — — — — —

　　2　人々が環境について学び、絶滅危惧種の動物を守ることは大切です。

DAY
6

鉄板ボキャブラリー
環境⑤

🔊 61

113

go extinct
絶滅する

Due to global warming, many marine creatures are at risk of going extinct today.

地球温暖化のため、現代では多くの海洋生物は絶滅する危険にさらされています。

（便利な表現） A is [are] at risk of ~ing.「A は~する危険にさらされています。」

（セットで覚えたい表現） marine creature「海洋生物」

114

plastic bag
ビニール袋

Fewer people will use plastic bags when they shop at supermarkets in the future.

将来、スーパーで買い物をするときにビニール袋を使う人の数は減るでしょう。

（解説） shop と do shopping はどちらも「買い物をする」の意味です。

115

reusable bag
エコバッグ

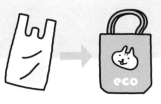

The number of people who use reusable bags instead of plastic bags will increase in the future.

将来、ビニール袋の代わりにエコバッグを使う人の数は増えるでしょう。

116

eco-friendly
環境にやさしい

People should choose to use eco-friendly products such as water bottles and recycled tissue paper.

人々は水筒やリサイクルされたティッシュといった環境にやさしい製品を選んで使うべきです。

（便利な表現） water bottles「水筒」 / recycled A「リサイクルされた A」

Exercise

音読でアウトプット!

左ページの例文の音声を聞いて、3回ずつ声に出して読もう。

🔊 62

英訳でアウトプット!

和文を英訳しよう。点線がある場合は、字数と語数を表します。

1

1　気候変動のため、現代では、多くの動物が絶滅の危険にさらされています。

_____

2　政府が＊救う努力をしなければ、一部の絶滅危惧種の動物は絶滅するでしょう。＊save

_____

2

1　ビニール袋を再利用する

－－－－－－－－－　－－－－

2　＊節約したりリサイクルを促進したりすることができるので、多くの人はビニール袋を再利用します。＊save money

_____

3

1　エコバッグを持ち運ぶ

－－－－－－－－－　－－－－

2　＊オシャレなので、エコバッグを持ち運ぶ学生の数は増えるでしょう。
＊fashionable / stylish

_____

4

1　環境にやさしい活動

－－－－－－－－－　－－－－

2　子どもはリサイクルをしたり＊木を植えたりといった環境にやさしい活動に参加するべきです。＊plant trees

_____

DAY － 6

LESSON 6
鉄板ボキャブラリー
環境⑥

🔊 63

117

protect the environment
環境を守る

It is important for people to learn about the importance
of recycling to protect the environment.

環境を守るためには、人々がリサイクルの重要性について学ぶことが大切です。

便利な表現　the importance of A「A の重要性」

118

food waste
食品廃棄物

The amount of food waste is increasing, and this can result
in serious environmental issues.

食品廃棄物の量が増えており、これは深刻な環境問題につながる可能性があります。

解説　abandoned food も「食品廃棄物」の意味です。

119

food shortage
食料不足

Due to food shortage, many families, especially in rural
areas, do not have enough to eat.

食料不足のため、特に田舎の地域では、多くの家族には十分な食べ物がありません。

解説　especially in rural areas の部分はなくても文の意味が通じるので、前後にカンマ(,)をつけて
います。food shortage と a lack of food はどちらも「食料不足」の意味です。

便利な表現　especially「特に」

120

dispose of trash
ゴミを処理する

Disposing of trash plays an important role in preventing
pollution and protecting the environment.

ゴミを処理することは、汚染を防ぎ環境を守る上で重要な役割を果たします。

Exercise

音読でアウトプット!

左ページの例文の音声を聞いて、3回ずつ声に出して読もう。

64

英訳でアウトプット!

和文を英訳しよう。点線がある場合は、字数と語数を表します。

1

1　子どもが環境を守ることの重要性を学ぶことは大切です。

2　環境にやさしい製品は、環境を守る上で重要な役割を果たします。

2

1　食品廃棄物を処理する

2　食品廃棄物を処理するコミュニティの数が増えています。

3

1　食料不足を経験する

2　自然災害のため、多くの子どもが田舎の地域で食料不足を経験します。

4

1　* 地域のコミュニティは、ゴミを処理することと町をよりきれいにする上で重要な役割を果たします。*local communities

2　先進技術は、より * 効率的にゴミを処理することに対して良い影響を与えます。*efficiently

D
A
Y
—
6

まとめ復習

解答はP.118

 下記の空欄に適切な単語を入れよう。

1 気候変動は、人々の日常活動と野生動物に対して悪い影響を与えます。

（　　　　　　）（　　　　　　　　　） has a negative impact on people's daily activities and wild animals.

2 政府は環境を守るために二酸化炭素の量を減らす努力をするべきです。

The government should make an effort to reduce the amount of （　　　　　　）（　　　　　　　） to protect the environment.

3 化石燃料の代わりに、太陽光や風力といった再生可能エネルギーを活用することが大切です。

Instead of fossil fuels, it is important to take advantage of （　　　　　　）（　　　　　　　） such as solar and wind power.

4 絶滅危惧種の動物の重要性について学ぶことで、自然に対する責任と尊敬の気持ちを育むことができます。

Learning about the importance of （　　　　　　）（　　　　　　　） can develop a sense of responsibility and respect for nature.

5 環境にやさしいキャンペーンは、環境を守ることについて子どもに教育することに対して良い影響を与えます。

（　　　　　　　） campaigns have a positive effect on educating children about protecting the environment.

6 食品廃棄物は温室効果ガスの排出につながる可能性があるため、地方の農家を支援することが政府にとって大切です。

（　　　　　　）（　　　　　　　） can lead to greenhouse gas emissions, so it is important for the government to support local farmers.

ライティング模試③

解答はP.118

 本番を意識して答えましょう。※目安時間 25 分

● 以下の TOPIC について、あなたの意見とその<u>理由を 2 つ</u>書きなさい。

● POINTS は理由を書く際の参考となる観点を示したものです。ただし、これら以外の観点から理由を書いてもかまいません。

● 語数の目安は 80 語～100 語です。

● 解答は、下の解答欄に書きなさい。なお、<u>解答欄の外に書かれたものは採点されません。</u>

● 解答が TOPIC に示された問いの答えになっていない場合や、TOPIC からずれていると判断された場合は、<u>0 点と採点されることがあります。</u>TOPIC の内容をよく読んでから答えてください。

TOPIC

Today, some people reduce their use of plastic bags and carry reusable bags instead. Do you think the number of such people will increase in the future?

POINTS

● *The environment*　● *Convenience*　● *Cost*

解答欄

_____

_____

_____

_____

_____

_____

DAY
6

解答・解説

Exercise　　　　　P.103 ○

1-1 cause climate change

1-2 Human activities such as driving cars and cutting down trees can cause climate change.

cut down trees は「木を切る・木を伐採する」の意味です。一方、plant trees は「木を植える」の意味で、環境を良くする活動の1つの例として挙げやすいです。

2-1 reduce air pollution

2-2 Factories can damage [be harmful to] human health, so it is important to reduce air pollution. / It is important to reduce air pollution because factories can damage [be harmful to] human health.

A can damage B. と A can be harmful to B. はどちらも「A は B を害する可能性があります。」の意味です。

3-1 think about environmental issues

3-2 People should pay more attention to nature and think about environmental issues. / It is necessary for people to pay more attention to nature and think about environmental issues.

4-1 lead to sea level rise

4-2 Urban development can lead to sea level rise, and this has a negative impact on daily lives.

urban development は「都市開発」の意味です。人口が増えて都市開発が進むことは、環境について述べるときの1つの例として挙げやすいです。

Exercise　　　　　P.105 ○

1-1 understand global warming

1-2 Joining [Taking part in] volunteer activities plays an important role in understanding global warming.

2-1 produce carbon dioxide

2-2 Gasoline produces carbon dioxide, and this has a negative effect [influence / impact] on the environment. / Gasoline produces carbon dioxide, and this negatively influences the environment.

effect と influence と impact はどれも「影響」の意味です。

3-1 prevent greenhouse gas emissions

3-2 Preventing greenhouse gas emissions can lead to [result in] healthier and safer lifestyles for people.

4-1 Airplanes emit exhaust gas, and this can damage [be harmful to] people living near airports.

4-2 Japanese [Japanese people] should stop using oil heaters because they emit exhaust gas. / Oil heaters emit exhaust gas, so Japanese [Japanese people] should stop using them.

Exercise　　　　　P.107 ○

1-1 use renewable resources

1-2 Thanks to advanced technology, Japan will be able to use renewable resources.

2-1 burn fossil fuels

2-2 Burning fossil fuels can be a waste of renewable resources in a sustainable society. / In a sustainable society, burning fossil fuels can be a waste of renewable resources.

3-1 use solar and wind power

3-2 The government should use solar and wind power to reduce the amount of carbon dioxide.

4-1 reduce electricity costs

4-2 Many [A lot of] people install solar panels on their houses to reduce electricity costs.

1-1 buy an electric vehicle

1-2 It is becoming more and more common to buy an electric vehicle nowadays [these days]. / Nowadays [These days], it is becoming more and more common to buy an electric vehicle.

these days と nowadays はどちらも「最近」の意味です。these days や nowadays が文末に来る場合は不要ですが、文頭に来る場合はカンマ (,) を使います。

2-1 prevent natural disasters

2-2 There is a possibility that people will be able to prevent natural disasters in the future.

3-1 prepare for earthquakes and hurricanes

3-2 Educational campaigns play an important role in preparing for earthquakes and hurricanes.

4-1 protect endangered animals

4-2 It is essential [important] for people to learn about the environment and protect endangered animals.

1-1 Due to climate change, many [a lot of] animals are at risk of going extinct today.

1-2 Some endangered animals will go extinct if the government does not make an effort to save them. / If the government does not make an effort to save some endangered animals, they will go extinct.

2-1 reuse plastic bags

2-2 Many [A lot of] people reuse plastic bags because they can save money and promote recycling.

3-1 carry reusable bags

3-2 The number of students who carry

reusable bags will increase because these bags are fashionable [stylish]. / There will be more students who carry reusable bags because these bags are fashionable [stylish].

students と reusable bags どちらを指しているのか曖昧になるため、they ではなく these bags と表現しています。

4-1 eco-friendly activities

4-2 Children should join [take part in] eco-friendly activities such as recycling and planting trees. / It is necessary for children to join [take part in] eco-friendly activities such as recycling and planting trees.

1-1 It is important for children to learn about the importance of protecting the environment.

1-2 Eco-friendly products play an important role in protecting the environment.

2-1 dispose of food waste

2-2 The number of communities that dispose of food waste is increasing.

ここでは、that dispose of food waste「食品廃棄物を処理する」という情報が、communities「コミュニティ」を詳しく説明しています。

3-1 experience food shortage

3-2 Due to natural disasters, many [a lot of] children experience food shortage in rural areas.

4-1 Local communities play an important role in disposing of trash and making a town cleaner.

4-2 Advanced technology has a positive effect [influence / impact] on disposing of trash more efficiently.

解答・解説

まとめ復習　　　　　　P.114 ○

1 (**Climate**) (**change**) has a negative impact on people's daily activities and wild animals.

climate change は「気候変動」の意味です。

2 The government should make an effort to reduce the amount of (**carbon**) (**dioxide**) to protect the environment.

carbon dioxide は「二酸化炭素」の意味です。

3 Instead of fossil fuels, it is important to take advantage of (**renewable**) (**resources**) such as solar and wind power.

renewable resources は「再生可能エネルギー」の意味です。

4 Learning about the importance of (**endangered**) (**animals**) can develop a sense of responsibility and respect for nature.

endangered animals は「絶滅危惧種の動物」の意味です。単数形の場合、endangered animal です。

5 (**Eco-friendly**) campaigns have a positive effect on educating children about protecting the environment.

eco-friendly は「環境にやさしい」の意味です。

6 (**Food**) (**waste**) can lead to greenhouse gas emissions, so it is important for the government to support local farmers.

food waste は「食品廃棄物」の意味です。abandoned food も同じ意味です。

ライティング模試③　　P.115 ○

Today, some people reduce their use of plastic bags and carry reusable bags instead. Do you think the number of such people will increase in the future?

現代では、ビニール袋の使用を減らし、代わりにエコバッグを持ち運ぶ人もいます。このような人の数は将来増えると思いますか?

● *The environment* 環境

● *Convenience* 便利さ

● *Cost* コスト

メモ例	エコバックを持ち運ぶ人の数は将来増える？	
	YES	NO
The environment	ビニール袋が環境を害することを知っている人が多い └ 多くの企業が環境にやさしい活動を促進している（リサイクル、エコバッグの使用など）	
Convenience		ビニール袋は買い物を便利にする └ 入手しやすく軽い→さまざまな場面で選ばれる
Cost	エコバッグは節約になる └ 買い物中にエコバッグを持っていない場合→有料のビニール袋を買わないといけない	ビニール袋を好む人が多い（エコバックよりも安いから） └ 日本のお店ではほんの約5円で提供している

【YES 解答例】（合計 100 語）

I think that the number of people who reduce their use of plastic bags and carry reusable bags instead will increase in the future.

First, many people know that plastic bags can be harmful to the environment. This is because many companies promote eco-friendly activities such as recycling and using reusable bags.

Second, carrying reusable bags has a positive influence on saving money. If people do not have reusable bags when shopping, they need to pay for plastic bags.

For these reasons, I think more people will stop using plastic bags and start carrying reusable bags instead in the future.

私はビニール袋の使用を減らし、代わりにエコバッグを持ち運ぶ人の数は将来増えると思います。

1つ目に、多くの人がビニール袋が環境を害する可能性があるということを知っています。これは多くの企業がリサイクルやエコバッグの使用などの環境にやさしい活動を促進しているためです。

2つ目に、エコバッグを持ち運ぶことはお金を節約することに対して良い影響を与えます。買い物をするときにエコバッグを持っていない場合、ビニール袋を買うのにお金を払う必要があります。

これらの理由から、将来より多くの人がビニール袋の使用をやめ、代わりにエコバッグを持ち運び始めると思います。

【NO 解答例】（合計 100 語）

I do not think that the number of people who reduce their use of plastic bags and carry reusable bags instead will increase in the future.

First, plastic bags play an important role in making shopping convenient. They are easily available and light, so people choose them in various situations.

Second, many people prefer to buy plastic bags because they are cheaper than reusable bags. For example, many stores in Japan provide them for only about five yen.

For these reasons, I do not think more people will stop using plastic bags and start carrying reusable bags in the future.

私はビニール袋の使用を減らし、代わりにエコバッグを持ち運ぶ人の数が将来増えるとは思いません。

1つ目に、ビニール袋は買い物を便利にする上で重要な役割を果たします。それらは簡単に手に入り、軽いため、人々はさまざまな場面で選択しています。

2つ目に、ビニール袋はエコバッグよりも安いので、多くの人がそれらを買う方を好みます。例えば、多くの日本の店舗がほんの約5円程度でビニール袋を提供しています。

これらの理由から、将来より多くの人がビニール袋の使用をやめ、エコバッグを持ち運び始めるとは思いません。

DAY
6

英検2級のスピーキング&スピーキング対策

スピーキングの特徴

従来型面接とS-CBTスピーキングの違い

英検の受験形式には、**従来型**の形式と **S-CBT 形式**(コンピューター形式)の2パターンがあります。特にスピーキング試験は従来型と S-CBT で大きく異なります。

	従来型面接	S-CBTスピーキング
試験方式	面接官と対面で話す	マイクで音声を吹き込む
実施の タイミング	一次試験(L、R、W)通過後に別日で二次試験として実施	4技能を同日に実施 (S→L→R→Wの順番)
受験可能 回数	同一検定期間中に1回 (4〜7月、8〜11月、12〜3月) ※従来型とS-CBTを合わせると同じ検定期間内に3回受験可能。	同一検定期間中に**2回** (4〜7月、8〜11月、12〜3月)
一次試験 免除制度	一次試験通過後、二次試験を棄権・または不合格になった場合、翌年度の同回まで面接のみ受験可能	翌年度の同回まで再度スピーキングのみ受験可能

S-CBTスピーキングならではの特徴

◉ 残り時間が表示される

従来型の面接では制限時間については面接官から指示される・または特に何も言われないかのどちらかです。一方、S-CBT では画面上に常に残り時間が表示されます。時間を意識しながら、話すスピードや内容を調整できるのは S-CBT のメリットの1つです。

◉ 「もう一度聞いてやりなおす」ボタンがある

聞き取れなかった場合、従来型では Could you say that again? など直接面接官に聞き直す必要があります。一方、S-CBT では「もう一度聞いてやりなおす」ボタンを押すだけでOK。ただし聞き直しすぎると、減点される可能性があるので注意しましょう。

▶ 裏技：考える時間が足りないときは、ボタンを押すことで再度同じ質問が再生されるのでその間少し考える時間が稼げます。

◉ 同時間に別技能を受験している人がいる

従来型の面接は、受験者が一人ずつ順番に専用の部屋に入り実施します。一方、S-CBT は同時間に同じ空間で各自のテストを進めます。自分がスピーキングするときに周りがシーンと静かだったり、同時にスピーキングしている別の受験者の声が聞こえてくる場合もあります。**周りの声や環境を気にせず自分の問題に集中することが大切**。

試験の流れ

従来型面接、S-CBT スピーキング両方の流れを確認しておきましょう。
4 技能を同日に受験する S-CBT ではスピーキングが最初に実施されます。

従来型面接	S-CBTスピーキング
入室する 	着席する 
面接カードを渡し、着席する	ヘッドセットをつける 
ウォームアップ（日常会話の質問に回答する） 	PC にログインし、音量やマイクのテストをする 
問題カードを受け取り、パッセージを黙読・音読する	ウォームアップ（日常会話の質問に回答する） 
No.1 〜 4 の質問に回答する 	問題カードのパッセージを黙読・音読する 
問題カードを返却し、退室する 	No.1 〜 4 の質問に回答する 

▶この後リスニングテストが開始されます。
※一次試験免除制度利用の場合はスピーキングテストが終了したら退室します。

パッセージ音読

　はじめに問題カードの英文（パッセージ）を 20 秒間黙読した後、音読します。黙読中は次の音読に備えて英文の内容や単語の発音などを確認しておきましょう。

✓ ポイント

✓ 意味のあるかたまりで 区切って読む

棒読みではなく、メリハリをつけてハキハキ丁寧に読みましょう。区切りにスラッシュをつけてみましょう。

下記のパッセージ1：
Nowadays, / achieving work-life balance / is important / for people's healthy and happy lives.

✓ No.1 で聞かれることを 予測しながら読む

文字を追うことに必死になりすぎず、No. 1の解答のヒントになるキーワードを探すイメージで読みましょう。

※キーワードは次ページで紹介する by doing so / in this way / so / as a result など

パッセージ1（質問タイプhow型）

Work-Life Balance

Nowadays, achieving work-life balance is important for people's healthy and happy lives. Now, systems that allow employees to arrange work schedules, such as remote work and flexible hours, are attracting attention. Many companies offer such systems, and by doing so they enable employees to manage their personal and professional lives more efficiently. They can also keep employees at the company for longer periods of time.

Protecting Marine Life

Today, the protection of marine life is becoming more and more necessary. Human activities such as polluting and overfishing have a negative impact on maintaining the health of our oceans. Various kinds of marine creatures have been seriously harmed by these activities, so they require a lot of support and help. It is important for the government to do more to preserve marine life for the future of our oceans.

☑ 間違いやすい発音の単語

🔊 66

名詞	形容詞	動詞	副詞
creature（生物） kríːtʃə	available（利用可能な） əvéɪləbl	abandon（捨てる） əbǽndən	probably（おそらく） prάbəbli
decision（決意） dɪsíʒən	foreign（外国の） fɔ́ːrən	analyze（分析する） ǽnəlàɪz	rapidly（急速に） rǽpɪdli
disaster（災害） dɪzǽstə	reasonable（妥当な） ríːz(ə)nəbl	provide（提供する） prəvάɪd	effectively（効果的に） ɪféktɪvli
environment（環境） ɪnvάɪ(ə)rə(n)mənt	rural（田舎の） rʊ́(ə)rəl	purchase（購入する） pə́ːtʃəs	efficiently（効率的に） ɪfíʃʌntli
government（政府） gʌ́və(n)mənt	serious（深刻な） sí(ə)riəs	receive（受け取る） rɪsíːv	regularly（定期的に） régjʊləli
organization（組織） ɔ̀ːgənɪzéɪʃn	virtual（仮想の） və́ːtʃʊəl	require（要求する） rɪkwάɪə	relatively（比較的） rélətɪvli

No.1（パッセージ問題）

パッセージに書かれている内容について問題が出題されます。

☑ ポイント

> ✓ how で聞かれたら
>   By 〜ing で答える

> ✓ why で聞かれたら
>   Because で答える

質問に対する解答方法は、下記の2つの型をおさえておけば怖いものなしです。

質問タイプ	解答パターン	正しい解答の導き方
how型	By 〜ing	文中の by doing so または in this way を探し、その前部分の動詞表現を By 〜ing に変えて読む（such / these / them などの指示語は前述の具体的な内容に置き換える）
why型	Because	文中の接続詞 so または as a result を探し、その前部分の表現を Because を文頭に置いて読む（主語は代名詞に変える、such / these / them などの指示語は前述の具体的な内容に置き換える）

⊙ how型の質問＆解答手順（P.122のパッセージ1）

質問 No. 1 According to the passage, **how** do many companies enable employees to manage their personal and professional lives more efficiently?

文章によると、多くの企業はどのように従業員が私生活と仕事をより効率的に管理できるようにしていますか？

how で聞かれているので、**By ～ing** の型で答える問題です。

1 文中の **by doing so（そうすることで）** または **in this way（このように）** を探す

2 so を具体的に説明する文＝ **by doing so** の前にある文を By ～ing の型にする
動詞 offer を ing 形（offering）に変えて、文頭に By をつけます。

3 **such** を具体的に説明する箇所＝ **by doing so** の文の1つ前の文にある箇所を such systems と差し替える

✗ By offering **such** systems ➡ ○ By offering systems **that 以下**

Work-Life Balance

Nowadays, achieving work-life balance is important for people's healthy and happy lives. Now, systems [that allow employees to arrange work

3 suchを具体的に説明する箇所は1つ前の文にある

schedules, such as remote work and flexible hours], are attracting

1 by doing so（そうすることで）を発見！

attention. Many companies offer **such** systems, and **by doing so** they

2 soを具体的に説明する動詞はoffer = By offering

enable employees to manage their personal and professional lives more efficiently. They can also keep employees at the company for longer periods of time.

仕事と生活のバランス

最近では、仕事と生活のバランスを実現することは、健康で幸福な生活を送るために大切です。今、リモートワークや柔軟な勤務時間のような、従業員が仕事のスケジュールを調整できるシステムが注目されています。多くの企業がこうしたシステムを提供し、それによって従業員が私生活と仕事をより効率的に管理できるようにしています。また、企業は従業員を長期間にわたって留めることもできます。

解答 **By offering systems** that allow employees to arrange work schedules, such as remote work and flexible hours.

リモートワークや柔軟な勤務時間のような、従業員が仕事のスケジュールを調整できるシステムを提供することによって。

▶ why型の質問＆解答手順 （P.123のパッセージ2）

質問 No. 1 According to the passage, **why** do various kinds of marine creatures require a lot of support and help?

文章によると、なぜさまざまな種類の海洋生物は、多くの支援と助けを必要としているのですか？

why で聞かれているので、**Because** の型で答える問題です。

1 文中の **so（なので）** または **as a result（結果として）** を探す

2 so の後の結果の要因となる文＝ **so** の前にある文を Because の型にする

主語 various kinds of marine creatures を代名詞 they に変えて、文頭に Because をつけて読みます。

3 **these** を具体的に説明する箇所＝ **so** の文の1つ前の文にある箇所を these activities と差し替える

✗ these activities ➡ ○ human activities such as polluting and overfishing

---

Protecting Marine Life

Today, the protection of marine life is becoming more and more necessary. [Human activities such as polluting and overfishing] have a

3 themを具体的に説明する箇所は1つ前の文にある

negative impact on maintaining the health of our oceans. Various kinds

2 主語various kinds of marine creaturesをtheyに変える = Because they

of marine creatures have been seriously harmed by **these activities**, **so**

1 so（なので）を発見！ ←

they require a lot of support and help. It is important for the government to do more to preserve marine life for the future of our oceans.

海洋生物の保護

現代では、海洋生物の保護はますます必要になってきています。汚染や過剰な漁業などの人間の活動は、海洋の健康を維持することに対して悪い影響を与えています。さまざまな種類の海洋生物はこれらの活動によって深刻な被害を受けており、そのため、それらは多くの支援と助けを必要としています。将来の海洋のために、政府が海洋生物の保護に関してさらなる取り組みをすることが大切です。

解答 Because **they have been seriously harmed by** human activities such as polluting and overfishing.

それらが、汚染や過剰な漁業など人間の活動によって、深刻な被害を受けているためです。

No.2（イラスト問題）

　3コマのイラストを見て、展開を説明する問題です。まずは20秒間考える時間が与えられます。他の問題が5点満点なのに対し、イラスト問題は10点満点と高配点。ポイントや説明の組み立て方をしっかり押さえれば攻略できます。

✅ ポイント

✓ 過去形か過去進行形を使う
「過去に起こったこと・起こっていたこと」を描写する問題です。現在形・現在進行形・未来形ではなく過去形や過去進行形を使いましょう。

✓ 吹き出しや矢印の文章はそのまま使う
イラスト1枚目にある吹き出しや、各イラストをつなぐ矢印の中の文章はそのまま使いましょう。

✓ 「誰」が「何」をしていたのかを説明する
主な登場人物は2人であることが多いです。2人がそれぞれ何をしていたのかを具体的に描写するのがポイント。

下記の3つのステップ順に進めます。

1 指定された冒頭文・吹き出しのセリフを読む	>	**2** 人物の動作や考え・発話内容を描写する	>	**3** 人物の動作や考え・発話内容を描写する
指定された冒頭文：1文 セリフ：1文		Aさん：1文 Bさん：1文		Aさん：1文 Bさん：1文

全部で **6文** が目安！

▶ 吹き出しパターン

人物がしていたこと・しようと思っていたことなどが描かれています。

吹き出し	内容	鉄板フレーズ
（吹き出し）	Aがしようとしていたこと Aがしたいと思っていたこと Aが楽しみにしていたこと	A was thinking of ~ing. A was hoping to ~. A was looking forward to ~ing.
（吹き出し）	Aがしたこと・していたこと AがBに提案したこと AがBに指示したこと Aが~するべきだと言ったこと	A ~（過去形）. / A was ~ing. A suggested that B (should) ~. A told B to ~. A said that A [B] should ~.
（×吹き出し）	Aができなかったこと （AがBに伝えた）Aができなかったこと	A couldn't ~. A told B that A couldn't ~.

⟫ イラスト2・3枚目のパターン例

AとBの動作	Aの動作＋Bの考え	Aの動作＋Bの発話

※ AやBは He や She などではなく、Mr. ○（夫）/ Mrs. ○（妻）/ 名前 / His ○（親・兄弟など）/ Her ○ などと、具体的に「誰」なのかわかるようにしましょう。

例 × **She** was feeling tired.　○ **Mrs. Suzuki** was feeling tired.

サンプル問題を使って、3つのステップで解答を作ってみましょう。

サンプルA

🔊 69　No. 2 Now, please look at the picture and describe the situation. You have 20 seconds to prepare. Your story should begin with this sentence:

イラストを見て、状況を説明してください。準備時間は20秒です。話はこの文で始めてください。

One day, Mr. and Mrs. Saito were talking about going on a picnic.

1. 指定された冒頭文・吹き出しのセリフを読む

1文目：**冒頭文**

One day, Mr. and Mrs. Saito were talking about going on a picnic.

ある日、サイトウ夫妻はピクニックに行くことについて話していました。

2文目：**A said to B, "吹き出しのセリフ."** の型（直接話法）を使います。セリフをそのまま抜き出すのがポイント。

解答例　**Mrs. Saito said to her husband, "It's hot today, but let's bring lunches."**
サイトウさんは夫に「今日は暑いけど、お弁当を持って行きましょう。」と言いました。

2. 人物の動作や考え・発話内容を描写する

After arriving at the park

3文目：**矢印内の文章**をそのまま読み、**A さん**(サイトウさん)の状況(強い日差しと暑さを感じている)を説明します。

解答例
~~After arriving at the park~~, **Mrs. Saito felt the strong sunlight and the heat.**
公園に到着した後、サイトウさんは強い日差しと暑さを感じました。

↓

4文目：**B さん**(サイトウさんの夫)の状況(妻に帽子をかぶることを提案している)を説明します。吹き出しに関連する状況は後で説明するのがポイント。

解答例
Mr. Saito suggested that she put on a hat.
サイトウさんの夫は彼女に帽子をかぶることを提案しました。

3. 人物の動作や考え・発話内容を描写する

That night

5文目：**矢印内の文章**をそのまま読み、**A さん**(サイトウさん)の状況(頭を痛そうにしている)を説明します。

解答例
~~That night~~, **Mrs. Saito got a headache.**
その夜、サイトウさんは頭痛を感じました。

↓

6文目：**B さん**(サイトウさんの夫)の状況(妻を病院に連れて行こうとしている)を説明します。吹き出しに関連する人物は後で説明するのがポイント。

解答例
Mr. Saito was thinking of taking her to the hospital.
サイトウさんの夫は彼女を病院に連れて行くことを考えていました。

全文
One day, Mr. and Mrs. Saito were talking about going on a picnic. Mrs. Saito said to her husband, "It's hot today, but let's bring lunches." After arriving at the park, Mrs. Saito felt the strong sunlight and the heat. Mr. Saito suggested that she put on a hat. That night, Mrs. Saito got a headache. Mr. Saito was thinking of taking her to the hospital.

🔊 71 No. 2 Now, please look at the picture and describe the situation. You have 20 seconds to prepare. Your story should begin with this sentence:

イラストを見て、状況を説明してください。準備時間は 20 秒です。話はこの文で始めてください。

One day, Ami and her father were talking in the living room.

1. 指定された冒頭文・吹き出しのセリフを読む

1文目：**冒頭文**

One day, Ami and her father were talking in the living room.

ある日、アミと彼女の父親はリビングで話していました。

2文目：**A said to B, " 吹き出しのセリフ ."** の型（直接話法）を使います。セリフをそのまま抜き出すのがポイント。

解答例 **Ami said to her father, "I want to see dolphins at the Sea Park."**
アミは父親に「シーパークでイルカを見たい」と言いました。

2. 人物の動作や考え・発話内容を描写する

3文目：**矢印内の文章**をそのまま読み、**A さん**（アミ）の状況（スマホ使用禁止のサインを見ている）を説明します。

解答例 **The next week at the Sea Park, Ami was looking at a sign that said she should not use a smartphone.**
翌週シーパークで、アミはスマートフォンの使用を控えるようにと書かれた看板を見ていました。

4文目：**Bさん**(父親)の状況(アミにスマートフォンをしまうように言っている)を説明します。吹き出しに関連する状況は後で説明するのがポイント。

> **解答例** **Her father told her to put her smartphone in her pocket.**
> 父親は彼女にスマートフォンをポケットにしまうように言いました。

3. 人物の動作や考え・発話内容を描写する

Later at the restaurant

5文目：**矢印内の文章**をそのまま読み、**Aさん**(アミ)の状況(アイスクリームを選んでいる)を説明します。

> **解答例** **Later at the restaurant, Ami was choosing an ice cream.**
> レストランでアミはアイスクリームを選んでいました。

↓

6文目：**Bさん**(父親)の状況(彼女にアイスクリームを注文してあげようとしている)を説明します。吹き出しに関連する状況は後で説明するのがポイント。

> **解答例** **Her father was thinking of ordering it for her.**
> 彼女の父親はそれを彼女に注文してあげることを考えていました。

🔊 72

全文
One day, Ami and her father were talking in the living room. Ami said to her father, "I want to see dolphins at the Sea Park." The next week at the Sea Park, Ami was looking at a sign that said she should not use a smartphone. Her father told her to put her smartphone in her pocket. Later at the restaurant, Ami was choosing an ice cream. Her father was thinking of ordering it for her.

▶ 描写するのに役立つ鉄板構文

A was feeling 〈形容詞〉.	A〈形容詞〉だと感じていました。
A was surprised to see that … .	A は…を見て驚きました。
A was hoping to ~ .	A は~することを望んでいました。
A was asking B to ~ .	A は B に~するように頼んでいました。
A was having trouble ~ing.	A は（A と B は）~するのに苦労していました。
A was looking at a sign that said he [she] should not ~ .	A は~することを控えるようにと書かれた看板を見ていました。

鉄板フレーズ【動作】でアウトプット！

No.2のイラスト問題で使えるフレーズをおさえておきましょう。

73

使い方

- 音声を聞く（フレーズと文が流れます）
- フレーズを音読する
- 文字を隠してイラストを見てフレーズを答えてみる
- 文字を隠してイラストを見て過去進行形の文を作ってみる　例 Mr. Ito was ~ing.

Mr. Ito　Mrs. Ito

put on sunglasses
サングラス**をかける**

turn off a smartphone
スマートフォン**の電源を切る**

play with a dog
犬**と遊ぶ**

go for a walk
散歩**に行く**

bring him a blanket
彼に毛布**を持ってくる**

pick up some garbage
ゴミ**を拾う**

carry a suitcase
スーツケース**を運ぶ**

serve drinks
飲みもの**を提供する**

pour coffee **into** a cup
コーヒーをカップ**に注ぐ**

put some towels **in** the car
タオル**を車に入れる**

take some coins **out of** the wallet
小銭を財布**から出す**

set up a security camera
セキュリティカメラ**を設置する**

D
A
Y

7

No.3（意見問題）

No. 3 は問題カードのパッセージやイラストに関連した意見を問う問題です。Day2〜6で学んだことを活かして、質問に対する主張と理由を述べましょう。

☑ ポイント

☑ agree か disagree で答える

☑ 具体例や理由を 2 文で答える

サンプル問題

No. 3 Some people say that remote work has improved work-life balance. What do you think about that?

リモートワークが仕事と生活のバランスを改善したと言う人もいます。あなたはそれについてどう思いますか？

▶ 構成と手順

agree	disagree
1. agreeかdisagreeで答える	
I agree.「賛成です。」	**I disagree.「反対です。」**
2. 理由1つ目を述べる	
People can arrange their schedules more freely. 人々はより自由にスケジュールを調整することができます。	Most people can't separate their personal and work lives. ほとんどの人が私生活と仕事を分けることができません。
3. 理由1つ目の具体例または理由2つ目を述べる	
Also, working at home or a favorite place can relieve their stress. また、自宅やお気に入りの場所で働くことでストレスを軽減することができます。	They often need to work longer hours. 彼らはしばしば、より長い時間働く必要があります。
模範解答	
I agree. People can arrange their schedules more freely. Also, working at home or a favorite place can relieve their stress.	**I disagree. Most people can't separate their personal and work lives. They often need to work longer hours.**

2つ目の理由を述べる場合は、Also, でつなぎましょう。

※2文目がどうしても思い浮かばないときは、I think A should 〜 . / It is important for A to 〜 . といった表現を使って主張で締めましょう。

例 I think people should work remotely.「私は人々はリモートワークをするべきだと思います。」

No.4（意見問題）

No. 4 は一般的な事柄についての意見を問う問題です。問題カードのパッセージやイラストに関連する場合とそうではない場合があります。

☑ ポイント

| ✓ **Yes か No で答える** | ✓ **具体例や理由を 2 文で答える** |

サンプル問題

No. 4 Today, some people use car-sharing services. Do you think the number of these people will increase in the future?

現代では、カーシェアサービスを利用する人もいます。あなたは将来このような人の数が増えると思いますか？

▶ 構成と手順

YES	NO
1. **Yesか No**で答える	
Yes.「はい。」	**No.「いいえ。」**
2. **理由1つ目**を述べる	
By using car-sharing services, people can save money. カーシェアサービスを利用することで、人々はお金を節約することができます。	The number of available cars is limited. 利用できる車の数は限られています。
3. **理由1つ目の具体例または理由2つ目**を述べる	
If they own a car, they have to pay taxes or parking fees. もし車を所有していたら、彼らは税金や駐車料金を支払わなければなりません。	Also, taking trains or buses is easier for many people. また、多くの人にとって電車やバスを利用する方が簡単です。
模範解答	
Yes. By using car-sharing services, people can save money. If they own a car, they have to pay taxes or parking fees.	**No. The number of available cars is limited. Also, taking trains or buses is easier for many people.**

▶ 鉄板フレーズ【意見】

It is〈形容詞〉(for A) to ～ . / ～ing is〈形容詞〉(for A).	～することは（A にとって）〈形容詞〉です。
A should ～ .	A は～するべきです。

D
A
Y

7

スピーキングおためし模試

解答はP.138

 意見を問う質問の音声を聞いて、口頭で答えてみよう。
（目安時間5分）

※いきなり口頭で答えるのが難しい場合は、まず解答欄に答えを書いてみてからでもOK！

1　1　音声（76）を聞いて、あなたの意見を答えなさい。

🔊
76

> 解答

　2　音声（77）を聞いて、あなたの意見を答えなさい。

🔊
77

> 解答

2　1　音声（78）を聞いて、あなたの意見を答えなさい。

🔊
78

> 解答

　2　音声（79）を聞いて、あなたの意見を答えなさい。

🔊
79

> 解答

LESSON 4 アティチュードのポイント

　英検 2 級スピーキングの採点項目にはアティチュード（積極的にコミュニケーションを図ろうとする姿勢）も含まれています。アティチュードは 3 点満点で、基本的に減点方式で採点されます。下記の**アティチュードで減点対象になりえるポイントと対策**をチェックしておきましょう。

減点対象になりえるポイント	対策
声が小さい・聞き取りにくい	**十分な声量でハキハキ話す** 従来型：面接官に聞こえるように S-CBT：きちんと録音されるように
表情が暗い	**笑顔・明るい表情で話す**
面接官と目を合わせない	**面接官の目を見て話す・聞く** **（アイコンタクト）**
挨拶を返さない・質問に答えない	**声かけには必ず応答する**
回答までの沈黙が長い	**わからないときは聞き返す** **適度に英語であいづちを打つ**

　S-CBT は録音方式のため、表情などで視覚的にアピールすることはできません。**明るい声のトーンや話し方**を意識するようにしましょう。

鉄板フレーズ【聞き返したいとき・考えたいとき（あいづち）】

　質問が聞き取れない・理解できないときは聞き返しましょう。考える時間がほしいときは無言になるのではなく、あいづちを打ちましょう。

聞き返したいとき	考えたいとき（あいづち）
もう一度言っていただけますか？ Excuse me? Could you say that again? Could you repeat that, please? I beg your pardon.	そうですね…（考え中） Well … Let me see … Let's see … Let me think …

→聞き返しは**原則 2 回まで**にしましょう。ただし、質問をされて数秒経ってから聞き返すなど、不自然な聞き返しは 1 回でも減点になる可能性があります。
S-CBT はボタンで聞き返せます。

→ついやってしまいがちなのが日本語で「えーと」や「んー」などと言ってしまうこと。日頃から英語であいづちを打つ習慣をつけておきましょう。

DAY 7

135

音声を聞きながら、本番と同じように答えてみよう。
（目安時間6分）

The Importance of Customer Reviews

As online shopping has become popular today, many people care about customer reviews before they purchase items. However, not many people want to write reviews, so online shops offer special discount coupons to customers who write reviews after their purchase. More and more shops provide such special coupons, and in this way they can increase the number of reviews on their websites.

Your story should begin with this sentence: **One day, Mr. and Mrs. Suzuki were talking about their online grocery shopping.**

音声を聞きながら、本番と同じように答えてみよう。
（目安時間6分）

Reduced Arts Education

Many schools have reduced art classes in recent years. Because of the government's limited budgets, even students interested in arts need to focus on core subjects such as Japanese and math. A lack of arts education prevents these students from developing the abilities of creativity and expression, so it is a serious problem. It is necessary that students can learn what they want to learn.

Your story should begin with this sentence: **One day, Takeshi was talking to his mother in the living room.**

DAY
7

137

解答・解説

スピーキングおためし模試　P.134

1-1 Some people say that people should limit their screen time and spend more time doing outdoor activities. What do you think about that?

人々はスクリーン時間（画面を見ている時間）を制限し、より多くの時間を屋外活動に費やすべきだと言う人もいます。あなたはそれについてどう思いますか？

 【agree 解答例】

I agree. Limiting screen time is important for a healthy lifestyle. Outdoor activities can improve people's mental and physical health.

賛成です。スクリーン時間を制限することは健康的な生活のために大切です。屋外活動は人々の心身の健康を改善することができます。

【disagree 解答例】
I disagree. Screen time can provide valuable educational opportunities. For example, smartphone apps help students learn various things.

反対です。スクリーン時間は貴重な学習の機会を提供できます。例えば、スマートフォンアプリは学生がさまざまなことを学ぶのに役立ちます。

1-2 Today, online learning is becoming more and more popular. Do you think online education is more effective than traditional classroom learning?

現代では、オンライン学習がますます人気になってきています。あなたはオンライン教育は従来の教室での学習よりも効果的だと思いますか？

【YES 解答例】

Yes. Online education is more effective than traditional classroom learning. It is easier for teachers to check their students' understanding.

はい。オンライン教育は従来の教室での学習よりも効果的です。先生が学生の理解を確認するのがより簡単です。

【NO 解答例】
No. Face-to-face lessons can help students build their social skills. Also, making a presentation in class can be a good learning experience.

いいえ。対面の授業は学生が社会的スキルを構築するのに役立ちます。また、クラスでプレゼンテーションをすることは良い学びの経験になります。

2-1 Some people say that the use of social media has a negative impact on face-to-face communication. What do you think about that?

SNS の利用が対面コミュニケーションに悪い影響を与えると言う人もいます。あなたはそれについてどう思いますか？

 【agree 解答例】

I agree. Social media can lead to misunderstandings among people. It is important to communicate with people to build good relationships with others.

賛成です。SNS は人々の間に誤解を生むことがあります。人々とコミュニケーションをとることは、他者と良好な関係を築くために大切です。

【disagree 解答例】
I disagree. Social media is a new way to communicate with others. For example, people can talk to friends or family who live far away.

反対です。SNS は他者とコミュニケーションを取るための新しい方法です。例えば、遠くに住む友達や家族と話すことができます。

2-2 Today, some schools teach students how to manage money. Do you think the number of these schools will increase in the future?

現代では、学生にお金の管理方法を教える学校もあります。これらの学校の数は将来増えると思いますか？

【YES 解答例】

Yes. It is important for students to know how to manage money. They have more opportunities to use money on smartphones or tablet devices today.

はい。学生がお金の管理方法を知ることは大切です。現代では、彼らはスマートフォンやタブレット端末でお金を使う機会が増えています。

【NO 解答例】
No. Schools should spend less time on money education than they spend on other subjects. Students can learn about money after they graduate.

いいえ。学校は他の科目よりもお金の教育に費やす時間を減らすべきです。学生は卒業後にお金について学ぶことができます。

The Importance of Customer Reviews

As online shopping has become popular today, many people care about customer reviews before they purchase items. However, not many people want to write reviews, so online shops offer special discount coupons to customers who write reviews after their purchase. More and more shops provide such special discount coupons, and in this way they can increase the number of reviews on their websites.

顧客のレビューの重要性

現代では、オンラインショッピングが人気を集めているため、多くの人は商品を購入する前に顧客のレビューを気にします。しかし、レビューを書きたがる人はあまりいないため、オンラインショップでは購入後にレビューを書いてくれる顧客への特別な割引クーポンを提供しています。ますます多くの店舗がそのような特別な割引クーポンを提供し、それによってウェブサイト上のレビューの数を増やすことができます。

No.1 According to the passage, how can more and more shops increase the number of reviews on their websites?

文章によると、どのようにますます多くの店舗がウェブサイト上のレビュー数を増やすことができますか？

By providing special discount coupons to customers who write reviews after their purchase.

購入後にレビューを書いてくれる顧客に特別な割引クーポンを提供することによって。

> they can increase the number of reviews on the websites の前に in this way「このように」があるので、この文は**結果**を表しています。
>
> 答えになる**原因**は in this way の前に書かれています。how で聞かれているので By を文頭に置いて答えます。このとき、provide に ing をつけて providing に直す必要があります。
>
> such special discount coupons は、「どのような特別な割引クーポンなのか」を具体的に説明する1つ前の文にある special discount coupons to customers who write reviews after their purchase に差し替えます。

No.2 Now, please look at the picture and describe the situation. You have 20 seconds to prepare. Your story should begin with the sentence on the card.

イラストを見て、状況を説明してください。準備時間は 20 秒です。話はカードに書かれた文で始めてください。

One day, Mr. and Mrs. Suzuki were talking about their online grocery shopping. Mrs. Suzuki said to her husband, "Let's order our groceries online this time." While looking at the supermarket's website, Mr. Suzuki was adding items to the cart. Mrs. Suzuki told him to use a discount coupon. A few hours later, Mr. Suzuki was happy to get their groceries. Mrs. Suzuki was thinking of making curry and rice for their dinner.

ある日、スズキ夫妻はオンラインの食料品の注文について話していました。スズキさんは夫に「今回はオンラインで食料品を注文しよう。」と言いました。スーパーマーケットのウェブサイトを見ながら、スズキさんの夫はカートに商品を追加していました。スズキさんは彼に割引クーポンを使うように言いました。数時間後、スズキさんの夫は食料品を受け取って嬉しかったです。スズキさんは夕食にカレーライスを作ることを考えていました。

> 1コマ目：指定された冒頭文を読み、吹き出しのセリフを Mrs. Suzuki said to her husband, から始めます。
>
> 2コマ目：矢印内の While looking at the supermarket's website から始め、スズキさんの夫がカートに商品を追加している様子とスズキさんが言ったことを描写します。
>
> 3コマ目：矢印内の A few hours later から始め、食料品を受け取って嬉しそうなスズキさんの夫の様子とスズキさんがしようとしていることを描写します。

No.3 Some people say that cashless payment is safer and more efficient than cash payment. What do you think about that?

キャッシュレス決済は現金支払いよりも安全で効率的だと言う人がいます。あなたはそれについてどう思いますか？

【agree 解答例】
I agree. Cashless payment is more convenient than cash payment. People can pay quickly without looking for coins in their wallets.

賛成です。キャッシュレス決済は現金支払いよりも便利です。人々は財布の中で小銭を探すことなく、すばやく支払うことができます。

【disagree 解答例】

I disagree. Some people prefer cash payment because they feel safer. Also, not everyone can easily use digital devices for payment.

反対です。安心感を感じるため現金支払いを好む人もいるからです。また、すべての人がデジタル機器を簡単に使えるわけではありません。

No.4 Some people choose to live in small apartments to save money. Do you think living in a small apartment is a good way to save money?

節約のために小さなアパートに住むことを選択する人もいます。あなたは小さなアパートに住むことがお金を節約する良い方法だと思いますか？

【YES 解答例】

Yes. Living in a small apartment is a smart way to save money. Small rooms have limited space, so people try not to buy unnecessary items.

はい。小さなアパートに住むことはお金を節約する賢い方法です。小さい部屋はスペースが限られているため、人々は不必要なものを買わないようにします。

【NO 解答例】

No. Living in a small apartment may not be comfortable for everyone. Some people end up spending more money on other activities outside.

いいえ。小さなアパートに住むことは、すべての人にとって快適であるとは限りません。結局外で他の活動にもっとお金を使うことになる人もいます。

スピーキング模試②   P.137

Reduced Arts Education

Many schools have reduced art classes in recent years. Because of the government's limited budgets, even students interested in arts need to focus on core subjects such as Japanese and math. A lack of arts education prevents these students from developing the abilities of creativity and expression, so it is a serious problem. It is necessary that students can learn what they want to learn.

芸術教育の削減

最近では、多くの学校が美術の授業を削減してい

ます。政府の予算の制約から、芸術に興味を持つ学生も国語や数学などの主要科目に集中しなければなりません。芸術教育の不足は、これらの学生が創造性や表現力を育むことを妨げるため、深刻な問題です。学生が自分たちが学びたいことを学べるようにすることが必要です。

No.1 According to the passage, why is a lack of arts education a serious problem?

文章によると、なぜ芸術教育の不足は深刻な問題なのでしょうか？

Because it prevents students interested in arts from developing the abilities of creativity and expression.

それによって、芸術に興味を持つ学生が創造性や表現力を育むことを妨げるからです。

> it is a serious problem. の前に so「なので」があるので、この文は結果を表しています。
> 答えになる原因は so の前に書かれています。why で聞かれているので Because を文頭に置いて答えます。このとき、主語の A lack of arts education を代名詞 it に直す必要があります。
> these students は、「どのような学生なのか」を具体的に説明する1つ前の文にある students interested in arts に差し替えます。

No.2 Now, please look at the picture and describe the situation. You have 20 seconds to prepare. Your story should begin with the sentence on the card.

イラストを見て、状況を説明してください。準備時間は 20 秒です。話はカードに書かれた文で始めてください。

One day, Takeshi was talking to his mother in the living room. Takeshi said to his mother, "I want to learn how to play a musical instrument." Later at the music school, Takeshi looked interested in the piano. His mother suggested that he join the piano class. A few months later, Takeshi was practicing the piano. His mother was thinking of bringing him some snacks and a drink.

ある日、タケシはリビングで母と話していました。タケシは母に「僕は楽器を演奏する方法を学びたい。」と言いました。後で音楽学校で、タケシはピアノに興味を持っているように見えました。母は彼にピアノのクラスに参加することを提案しました。数か月後、タケシはピアノの練習をしていました。母は彼にお菓子と飲み物を持って来てあげようと考えていました。

１コマ目：指定された冒頭文を読み、吹き出しのセリフを Takeshi said to his mother, から始めます。

２コマ目：矢印内の Later at the music school から始め、タケシがピアノに興味を持っている様子とタケシの母が提案したことを描写します。

※ His mother suggested that he join ～の join は三単現の s をつけず動詞の原形にします。あるいは should join にしても良いです。

３コマ目：矢印内の A few months later から始め、ピアノの練習をしているタケシの様子とタケシの母がしようとしていることを描写します。

No.3 Some people say that homework is necessary for developing students' abilities. What do you think about that?

宿題は学生の能力を伸ばすために必要だと言う人がいます。あなたはそれについてどう思いますか？

【agree 解答例】

I agree. Homework can develop students' abilities to solve problems. Such skills help them prepare for future challenges.

賛成です。宿題は学生の問題解決能力を育むことができます。そのようなスキルは将来の課題に備えるのに役立ちます。

【disagree 解答例】

I disagree. Too much homework can lead to students' stress. Stress prevents them from learning effectively and developing skills.

反対です。過剰な宿題は学生のストレスにつながります。ストレスは効果的に学習したり、スキルを育んだりすることを妨げます。

No.4 The cost of education has been increasing these days. Do you think education should be less expensive?

最近では、教育費が上がっています。あなたは教育はより安価であるべきだと思いますか？

【YES 解答例】

Yes. Reducing the cost of education can provide more opportunities for students. Also, this can lead to economic growth in Japan.

はい。教育費を下げることで、学生により多くの機会が提供されます。また、これは日本の経済成長にもつながる可能性があります。

【NO 解答例】

No. Increasing the cost of education is necessary for ensuring quality. Cutting such costs can limit extracurricular programs.

いいえ。教育費を上げることは、質の高い教育のために必要です。そういった費用を削減することで、課外プログラムを制限してしまう可能性があります。

DAY

7

おわりに

ここまで頑張ったみなさま、お疲れ様でした。
まずは、この一冊をやり抜いた自分を褒めてあげてください。

みなさまの多くは、英作文や面接に対する苦手意識や不安を抱えながら
本書を手に取ったのではないでしょうか。
数ある参考書の中から本書を選んでいただき、ありがとうございました。

私は、中学1年生の時にはじめて英検5級を受験してから、
周り道しながらも地道に1つずつ級をクリアしてきました。

自分自身が英語学習で苦労してきた経験と、
これまで多くの学習者の英検対策をサポートしてきた経験から言えるのは、
英作文と面接は出題されるトピックが似ているから、
2技能を同時に学習するのが効率的ということです。

そんな考えのもと、これまでありそうでなかった
「英作文と面接に完全特化し、2技能同時に短期間で対策できる一冊」
として、すぐに使える語彙や構文のインプットと、
それらを実際に使えるようにするためのアウトプットをバランス良く入れて
細部までとことんこだわって作ったのが本書です。

この一冊をやり抜いた今、一人でも多くの方に
「一歩前に進めたかも！」
と希望を感じてもらえていたら、この上なく嬉しいです。

とはいえ、人間は忘れる生き物・・・
まだ本番まで時間に余裕がある方は復習も兼ねてぜひもう一周してみてください。
「定着するまでくり返す」
これが英語学習の基本です。

英検2級の合格を目指すみなさまが、
試験当日に思う存分自分の力を出し切れることを心から願っています。

英検®対策コーチングスクール「エイゴバ」事業責任者
ミトママ

「直前見直しシート」ダウンロードのご案内

本書をご購入いただき、誠にありがとうございます。「もう本番まで時間がない…」という方は、購入特典の「直前見直しシート」をぜひご活用ください。DAY 1～7で学んだことを1枚ずつサクッとおさらいできるようになっています。

QRコードを読み取り、特設サイトでパスワードをご入力ください。サイトでスマートフォンに画像をダウンロードしてください。

↓ここからダウンロード

https://kdq.jp/2kyuu_sheet

パスワード

kouryaku

注意事項

- 無断転載・再配布などは行わないでください。
- PC・スマートフォン対象（機種によっては対応外の場合あり）。
- ダウンロードにかかる通信料はお客様のご負担となります。
- 本画像の提供はシステム等のやむを得ない事情により予告なく中断・終了となる場合があります。

みなさまの合格をお祈りいたします!

イラスト／熊アート

装丁・デザイン／高橋明香（おかっぱ製作所）

英文校正／Brooke Lathram-Abe

校正／中久喜泉・鷗来堂

音声収録／ELEC

企画制作／武田惣人

英検®2級の英作文・面接をゼロから7日で攻略する本

2023年11月29日　初版発行

著者／ミトママ

発行者／山下　直久

発行／株式会社KADOKAWA
〒102-8177　東京都千代田区富士見2-13-3
電話　0570-002-301（ナビダイヤル）

印刷所／株式会社加藤文明社印刷所
製本所／株式会社加藤文明社印刷所

●お問い合わせ
https://www.kadokawa.co.jp/（「お問い合わせ」へお進みください）
※内容によっては、お答えできない場合があります。
※サポートは日本国内のみとさせていただきます。
※Japanese text only

定価はカバーに表示してあります。

©Mitomama 2023　Printed in Japan
ISBN 978-4-04-606336-6　C0082